知识就在得到

China's Economy
熟经济
in Mid-Age

香帅财富报告 3

香帅 著

新星出版社　NEW STAR PRESS

致你的一封信

亲爱的读者：

你好啊，这是《香帅财富报告》陪伴你的第三年了。

不知道你是不是跟我有一样的感觉，这三年，好像每一天都在"亲历历史"。

还记得吗？2019年中国进入"万元美金社会"，不过经济增速也下行到6%的边缘上。那一年，我开始意识到，那些容易摘取的"低垂之果"，比如廉价的资源和劳动力，快速工业化、城市化带来的高增长……都在逐渐消失，接下来需要开启hard（困难）模式，爬梯、吊绳、攀岩，去够那些"高垂之果"。我当时想，接下来的四年，我要陪着你们去寻找"衣食住行"四个领域的高垂之果。

但是，2020年1月23日的武汉"封城"永远地改变了我的计划。我还记得，2月和3月，那是一个因新冠肺炎病毒而提心吊胆的春天，我被困在北京的斗室之内，模模糊糊地感受到历史的潮水形成一个大大的漩涡，正裹挟着一座名叫"K型分化"

的冰山汹涌而至。我想，所有人都会跟我一样心慌和焦虑吧，所以，让我们一起，顺着历史和现实的蛛丝马迹，去寻找关于"选择"的答案。

2021年的2月和3月，我决定用身体去感受一下中国，北京、天津、沈阳、深圳、广州、东莞、佛山、长沙、成都、昆明、宁波、上海……从北到南，从南往西，从西向东，经历了羽绒服、衬衣、毛衣、薄外套的四季转换。经济、地理、文化、制度、世代、历史糅合在一起，强烈地冲击着我的大脑皮层。

我意识到，"体感"这个词是多么重要，那种在具象事件中被冲击的感觉，才是我们关于时代最深刻的记忆。《香帅财富报告》作为一部财富"编年史"，该将这种记忆记录下来。2021年5月下旬，我在昆明出差，跟罗胖（罗振宇）通了个电话。他的结构化能力向来奇峰突兀，总有神来之笔。聊了差不多一个小时，他给我的建议是将今年的书稿内容分成三部分：

第一部分是穿行，叫作"2021年那些财富浪潮"，顺着时间线来捋，将这个时间周期里那些让我们印象深刻的"浪潮"一个个记录下来，比如"通胀预期"之类。这算是2021年中国人在财富面上看到的时间线。

第二部分是眺望，叫作"远处地平线上涌现的浪潮"，这里脱离时间线，是专题，比如加密货币、数字货币。这是我们这代人从地平线上往远方眺望那些可能影响我们未来的迹象。

第三部分是思考，类似"财富思想圈"，这是更接近我个体生活圈的朋友的、师长的，或者我自己重视的、喜欢的一些新思考和观点。

这个结构实在太过完美——既有穿行历史的具象，也有眺望远方的抽象；既有低头的沉思，也有仰头的张扬。回北京后，我开始动手准备第一部分，在整理材料的过程中，很多之前不曾注意的线索浮现了出来，然后我惊奇地发现，2021年3—5月那些令人印象深刻的事件，其实早在2020年的冬天就草蛇灰线，伏脉千里。所以在6月时，我写下了本书第一章的标题"风起青蘋之末"。

接下来的6月、7月，一直到8月，我有一搭没一搭地熬夜看完了欧洲冠军联赛，然后看着"平台的敌人"——32岁的莉娜·可汗就任美国FTC（联邦贸易委员会）主席，成为美国反垄断的主力；看着滴滴悄悄上市，又重重被击；看着十多家平台企业撤回了赴美上市的申请；看着河南史无前例的暴雨，更看着教培行业陡生巨变；看着中概股暴跌，看着东京奥运会的观众席上冷冷清清，又看着腾讯、阿里先后成立了千亿级的共同富裕基金……

我能感觉到，历史在耳边呼啸而过。

夏末秋初，我开始做这场逆时光的旅行，就像一个穿越时间的旅人，重走过那些熟悉的，但几乎快遗忘的时光。这一次的感受比"初遇"时更深切,因为我见过不远的将来,像带着某种洞烛先机的异能,我开始试着将从前、现在和未来做一个黏合,然后发现,很多当时"震感"强烈的事情,其实都是同一条关键线索下的不同剪影,比如,狗狗币的狂涨和引起轩然大波的"游戏驿站"散户对抗机构,背后都是年轻人与"旧世界"的隔阂、对峙。

9月底,我决定将这本书分为上下卷,上卷是"今夕是何年——那些席卷过我们的财富浪潮",包括六章,顺着时间线,它们分别是:

风起青蘋之末

生活因你而火热

乍暖还寒时候,最难将息

一切都在变化中

夏天的最后一朵玫瑰

塞下秋来风景异

定下前面10个月的关键词后,下卷"未来地平线——那些即将影响我们的财富变量"的专题也浮出了水面:通胀、以梦为马的估值体系、数字货币和平台监管,我给它们分别取名为:

通胀篇:大缓和还是大转折?

二级市场篇：没那么简单

一级市场篇：冰火两重天

数字货币篇：向着那未知的世界去远行

数字平台篇：你别无选择

至于罗胖说的第三部分，我将它糅进了整本书的字里行间。

今年这本书的下卷仍然保持了前两本《香帅财富报告》[1]的宏观视角和论述风格，上卷则是一次更自我和个体的写作过程。在一个严肃金融学者的身份之外，你时时能看见一个热爱武侠和流行音乐的文艺女的影子，你也能看见一个在真实世界和现象中痛苦跋涉的思考者的影子。

这一路，我写得落泪过、沉默过、怀疑过、亢奋过、抑郁过，越写到后面，越知道自己接近了历史的真相。你可能会问我，究竟什么是历史的真相呢？

容我说一个真实的故事吧。因为时效性的缘故，本书第六章到11月中旬才最后定稿，当时正是房地产行业"冰封千里"已经哭不出声、房地产信贷终于开始有放松迹象的时候。一天中午我和朋友吃饭，点了清酒，想想又换成了大麦茶。我问她："我们年轻时不喝这鬼东西吧？"她笑了，跟我碰碰杯："世界长大了，我们也他妈的老了。"

---

1 分别是《钱从哪里来——中国家庭的财富方案》《香帅财富报告：分化时代的财富选择》。

是，世界长大了。

这是我所看见的历史的真相，也是我所看见的2021年。

从2012年基本完成工业化开始，中国经济就逐渐进入"熟龄期"，累积了一定的财富和经验值，但内在的增长冲动已经不复当年。2021年，中国人口年龄中位数达到38.8岁，多个城市和行业都面临着中年危机。

中央党校的郭强教授说，这就是"熟经济"，外人看到风韵，自己感到焦虑。

是啊，"也许我们从未成熟，还没能晓得，就快要老了，尽管心里活着的还是那个年轻人"[1]。可是不管晓不晓得，进入"熟龄期"的中国经济需要面对一个没有选择的选择：它不仅要继续生长，还需要承担"上有老下有小"的责任，"恣意生长"将被"有序生长"所取代，那些关于共同富裕、企业责任和限制资本无序扩张的问题，需要在一个中年人的视角下重新思考。与此同时，熟经济也面临着存量财富上升，但可投项目减少的"中年危机"，再加上全球大放水、低利率的助推，资产估值体系会被重写。

2021年是这样的：一个个熟龄男女，却需要面对一个充满陌生感的新世界。

即将在你面前展开的书页，讲述的就是这样一个年份。但

---

1 李宗盛《山丘》。

它没有停留在"讲述"的层面上，和之前一样，这仍然是一本关于"选择"的书——我们怎样面对这个新世界？顺着地平线望去，通胀也罢，数字货币也罢，数字平台也罢，以梦为马的资产也罢，它们都在远方的何处？又将怎样改变我们的2022年呢？

你，会跟我一起启程吗？

去越过山丘，"向情爱的挑逗，命运的左右，不自量力地还手，直至死方休"[1]。

我等你。

香帅

2021年12月1日凌晨，北京

1　李宗盛《山丘》。

前　言

庚子岁末，本以为已经穿越了幽暗峡谷，谁知道还有最后一段黑暗的隧洞要匍匐而过。

本来，按照原定计划，今天午后，我应该穿过武汉大学的樱花大道，中间经过二教，然后往桂园方向而去，去看看那幢曾刻着我青春记忆的灰色的3号楼安在否。

从定下去武汉跨年开始，我脑海里就无数次响起那首《久违的你》：

"那个午后又回到我们的校园，三三两两的女生从阳光中走来，那笑声一如当年飘荡在凤凰树之间，偶尔回眸的一双眼刺痛我最深深里边。"

然后，我应该在下午2点前结束这场青春的缅怀，回到"长大以后"的状态；下午3—4点开始化妆换衣，深圳约的年轻化妆师已经跃跃欲试，筱颖（课程主编）嘲笑我"为跨年买的第九套和第十套服装"都安静地躺在箱子里；晚上7点多钟，我应该坐在中国光谷科技会展中心"时间的朋友"

跨年演讲的现场，身边摆着一个"时间的朋友"礼盒，里面有我和何帆的两本书。而我那本，是2020年令我哭过、笑过，喝了很多酒导致血脂变高写下的书。

然而，长大以后，我们知道，世界充满不确定性。

庚子岁末必须以一种戏剧化的方式结束。新冠肺炎疫情的防控一步步升级。最终，我退掉了去武汉的机票。这是一个奇幻的循环，2020年初我定了春节去瑞士的机票，结果在1月23日武汉封城那天退了票；12月底我定了去武汉的机票，结果又是无奈退票。这是一个以退票始、以退票终的年份，希望这一切都被封存在2020年。

很佩服"得到"团队在这样的巨大压力下，仍然坚持要讲出"长大以后"[1]的故事，关于一个人、一个家、一个企业和一个国家。长大以后，就知道喜欢是任性，爱是克制；长大以后，就知道生活从来不容易，但仍然一直要抹泪笑着向前。

以上是我在2020年12月31日午夜写下的文字。第二天睁开眼，就已经是"长大以后"的2021年。没想到一语成谶——

从劳动力红利转向人口老龄化、少子化；

---

[1] 罗振宇2021年"时间的朋友"跨年演讲的主题。

从数字经济"小甜甜"到平台垄断"牛夫人";

从鼓励金融创新到严防金融风险;

从基金抱团炒股到基金经理跌落神坛;

从茅指数到宁指数;

从房地产的"黄金年代"到"暴雷年代";

……

都不过是弹指一挥间。

2021年,中国家庭的财富版图似乎还没长大,成长的烦恼却接踵而至,如同一首老歌:

"小小少年很少烦恼,眼望四周阳光照。小小少年很少烦恼,但愿永远这样好。一年一年时间飞跑,小小少年在长高。随着年岁由小变大,他的烦恼增加了。"[1]

1　德国歌曲《小小少年》。

目 录 CONTENTS

上卷 今夕是何年——那些席卷过我们的财富浪潮
（23 个关键词串联起来的财富创造与分配）

第一章 | 风起青蘋之末 _003

从"小甜甜"到"牛夫人"：社区团购惹争议 _007

风起幡动：阿里被立案调查 _012

大洋彼岸的蝴蝶翅膀：马斯克、特朗普 _014

丰年好大雪：拜登就任美国总统 _020

第二章 | 生活因你而火热 _023

身骑白马：茅指数、含坤量、基金抱团 _025

狼来了：缺芯，大宗商品与周期股的春天 _031

你要跳舞吗：中国造车新势力 _036

Meme 时代：游戏驿站、狗狗币与比特币 _042

第三章 | 乍暖还寒时候，最难将息 _051

沉默是金：黄峥裸退 _053

行到水穷处：房地产红线 _059

暗流涌动：H&M、新疆棉与国潮崛起 _063

第四章 ｜ 一切都在变化中 _071

开到荼蘼："五一"消费大热、"七人普"数据 _073

谁会感到不安："躺平""内卷" _078

风在往哪个方向吹：数字货币严监管 _085

换季：袁隆平去世、黑石收购 SOHO _089

第五章 ｜ 夏天的最后一朵玫瑰 _091

平台的敌人来了：莉娜·可汗就任 FTC 主席 _094

突围与博弈：滴滴 IPO 与数据安全法 _099

回声：河南暴雨、教培行业巨变、中概股暴跌 _104

第六章 ｜ 塞下秋来风景异 _115

新常识：共同富裕 _118

历史的圆舞：限电与电荒 _122

冬天来了之愿赌服输：恒大暴雷 _126

冬天来了之等待：房地产调控、房地产税改革、三季度经济下行 _131

变奏：立冬、EDG 与消失的双十一 _139

下卷 未来地平线——那些即将影响我们的财富变量
（用 5 个专题阐述未来财富变量）

第七章 | 通胀篇：大缓和还是大转折？ _145

沃尔克之问：通胀去哪儿了 _148

2021：通胀之新冠并发症 _155

2021—2022：通胀的"走钢丝"时代 _165

第八章 | 二级市场篇：没那么简单 _173

好生意，坏投资：差异化与技术周期魔咒 _176

坏生意，好投资：人性的弱点 _184

泡沫在哪里：找到估值锚 _189

第九章 | 一级市场篇：冰火两重天 _199

估值对抗：一级市场 VS 二级市场 _201

以梦为马的 GBF 估值体系 _208

"独角兽"饲养场 _217

第十章 | 数字货币篇：向着那未知的世界去远行 _223

2021：币圈半年，人间半生 _225

来自央行的狙击：主权数字货币 _228

技术演进下的货币新信仰 _232

博弈未来：私人 VS 央行发行之争 _236

比特币新城：你也在这里吗 _239

终局仍旧成谜 _243

第十一章 ｜ 数字平台篇：你别无选择 _247

看不见的手：平台即市场 _249

原力觉醒：数字资本是新生产要素 _254

权力的游戏之双剑：平台与消费者、生产者 _261

权力的游戏之破誓者：平台与劳动者 _265

权力的游戏之新旧诸神：平台与政府 _273

你别无选择：从"狩猎"时代到"农耕"时代 _279

数字时代：达依尔棋局 _283

上卷

今夕是何年
那些席卷过我们的财富浪潮

23个关键词串联起来的财富创造与分配

China's Economy
in Mid-Age

第一章

风起青蘋之末

我看到那些岁月如何奔驰，挨过了冬季，便迎来了春天。

——[美]梭罗《瓦尔登湖》

从2020年迈向2021年的一周，全世界过得波澜不惊。

2020年12月28日，周一，习近平总书记在中央农村工作会议上发表重要讲话，强调要"巩固和拓展脱贫攻坚成果，全面推进乡村振兴"。

12月29日，周二，北京丽泽桥西面的金唐大厦，一家叫"漫猫咖啡"的小店里，有消费者用数字人民币钱包买了咖啡。几个小时之后，美国东部时间12月29日上午9点30分，拼多多股票开盘即涨，截至收盘，市值突破2000亿美元。由此，黄峥身家暴涨500亿元，超越马化腾，成为继农夫山泉钟睒睒和阿里马云之后的中国第三大富豪。[1]

两天后的12月31日，中国国药集团的新冠病毒灭活疫苗上市，国家卫健委宣布将为全民免费提供新冠疫苗接种。同一天，

---

1 2021年伊始，黄峥超越马云，成为中国第二大富豪。

山东省宣布全面放开城镇落户限制。

2021年1月1日，周五，新中国成立以来第一部以法典命名的法律《中华人民共和国民法典》正式实施。个人信息、数据、网络虚拟财产保护等内容被重点强调。同一天，英国正式脱欧，收回对金钱、边界、法律、贸易和捕鱼水域的控制权，并保证英国不受欧洲法院管辖。至此，一个悬浮了十多年的"大欧洲统一梦"成为泡影。

那是没有惊涛骇浪的一周。看上去，各种不大不小的新闻充满了温和的气息。当时可能没有人会意识到，脱贫攻坚、电商、中概股、数字货币、疫苗、个人信息安全……这些柔和的中性词背后，都酝酿着巨大的风浪——

在接下来的300天里，黄峥宣布彻底退出拼多多的管理决策层，拼多多市值一路下跌，直至腰斩；中概股和数字平台企业在中美监管之下开始寻找变革之路；往昔门庭若市、觥筹交错的乌镇大会悄无声息地开完；继互联网、医药、教培等行业一个个"躺倒"后，重庆小面、火锅、中式烘焙、咖啡，挨个获得天量资金；国家三胎政策的放开，使就业、生育、养老，成为Z世代[1]真实的元宇宙。

海外逻辑同样混乱，马斯克继续在数字货币和数字资产游戏场上一呼百应，引来狂热的拥护和鲜明的反对；散户暴动抵

---

[1] 按照现在流行的世代划分法，Z世代为1996—2010年出生、Y世代为1981—1995年出生、X世代为1966—1980年出生。

抗机构,美国通胀一路高企,货币财政却仍持续鸽派作风,经济基本面和资本市场价格的脱轨成为新常态。

在与新冠肺炎疫情的对抗中,全世界都袒露出了几十年沉淀下来的伤口,亟待疗伤,但却不知道良药在哪里。大家都在摸索着转向,寻找新的规则——数字技术对现行货币信用体系和投融资规则的侵蚀及对峙;平台的头部效应与反垄断,平台治理和国家治理之间的合作与博弈;互联网创业企业家的路径选择;少子化、老龄化的人口危机;教育、医疗等民生赛道的逻辑重构;新冠病毒肆虐下的逆全球化、经济议题政治化、地缘局势的弦绷紧……每个词语都涉及数以亿计的家庭生计、数以万亿的行业财富,甚至一个国家、一代人的选择和命运。

暗流涌动下,潮水的方向在改变,但终局不会那么早出现。

"夫风生于地,起于青蘋之末。"[1]

2021年中国财富创造与分配的故事,其实在前一年的冬天已经开启。

从"小甜甜"到"牛夫人":社区团购惹争议

2020年12月11日,《人民日报》发表了一篇题为《"社区团购"争议背后,是对互联网巨头科技创新的更多期待》的短

---

[1] 战国·宋玉《风赋》。

评。如今回头看，这大约1100个字几乎就是2021年中国平台、产业、市场等各种政策的完美注释——

  这段时间，互联网巨头企业相继投入大量资源入局生鲜社区团购，"社区团购"成为互联网行业及资本市场热议的话题。各大互联网巨头企业利用海量数据、先进算法和雄厚资本，研究如何拿下社区的生鲜团购。在购物、打车、外卖这些热点之后，卖菜几乎成了互联网的又一个风口。

  下沉社区终端，将线上流量与线下供应链整合，加大优惠补贴力度，用价格优势换流量，用户下单就能等菜上门……在"鹭鸶腿上劈精肉"的生意上发力，或许又是一个互联网通过商业模式创新改变生活的精彩故事。但舆论场上也有许多不同声音，除了对于菜贩群体利益深刻改变的讨论外，也有不少思考指向对大型互联网企业的创新期待。前不久，一些互联网技术公司运用前沿技术破解科技难题，这深刻启示我们：互联网累积的数据和算法，除了流量变现，还有另一种打开方式，即促进科技创新。

  今年以来，美国接连在芯片上制裁中国科技企业，攻克关键技术领域的"卡脖子"难题，成为举国上下的关切。互联网巨头拥有雄厚的财力、大量的数据资源、领先的数字技术，人们期待巨头们不仅能在商业模式上进行创新，更能承担起推进科技创新的责任。这不仅是为企业发展储蓄技术，也是企业的社会责任之所在。

事实上，从阿里巴巴的达摩院，到百度的无人驾驶汽车，中国的企业日益注重向科技创新进军。在当今时代以及更长远的未来，科技创新能力，掌握关键领域核心科技的能力，成为国家竞争和长远发展的关键要素。如果只顾着低头捡六便士，而不能抬头看月亮、展开赢得长远未来的科技创新，那么再大的流量、再多的数据也难以转变成硬核的科技成果，难以改变我们在核心技术上受制于人的被动局面。

当然，互联网企业也有生存的压力，也需要获得投资回报，但科技创新并非要求企业不赚钱，而是把投资的存续期延长，不痴迷于急功近利、不热衷于短期变现，而能够在长周期视野下赢得技术变革带来的更大收益。中国14亿人口、4亿中等收入群体构成了超大规模消费市场，这不仅为商业模式创新提供了沃土，更为科技创新提供了得天独厚的条件。超大规模市场，可以为科技创新产品提供广阔销路，从而摊薄科技创新的成本，如果我们的互联网巨头具有更多超越性追求，能够运用数字化技术探索未知、拓展人类知识疆土，再与超大规模市场结合，将会产生巨大的科技创新势能。依靠硬核科技，让企业站上价值链顶端，让国家竞争力、自主性更强，让人类的知识边界更大，不是更"香"吗？

习近平总书记反复强调，要把原始创新能力提升摆在更加突出的位置，努力实现更多"从0到1"的突破。掌握着海量数据、先进算法的互联网巨头，理应在科技创新上有更多担当、有更多追求、有更多作为。别只惦记着几捆白菜、几斤水果的流量，科技创新的星辰大海、未来的无限可能性，其实更令人心潮澎湃。

热闹了近20年的"互联网商业模式创新"被改称为"鹭鸶腿上劈精肉"。回头看，这是中国平台商业史的楚河汉界：

2020年年中，舆论已经开始从讴歌"新四大发明"转向讨论"外卖小哥被困在系统里"，但官媒对"（互联网）商业模式创新"如此旗帜鲜明地表达负面意见，这是21世纪以来的首次。与之相对的，是基于流量和数据的科技创新被赞许为令人心潮澎湃的星辰大海。

同一天，中共中央政治局会议召开，首次提出"**强化反垄断和防止资本无序扩张**"，并将这一条确定为2021年中央经济工作八大重点任务之一；三个月后，这一条再次被写入国家"十四五"规划纲要。而在此之前，官方在互联网相关产业（行业）方面的监管用词一贯是"包容审慎"。

一个惯常的媒体认知是，中国特色社会主义市场经济就是高度管制下的市场经济，这个判断不无道理，但并不全面。最起码，前20年中国政府对互联网行业采取的一直是"高度放养"模式。不说别的，这些年互联网平台们要求商家"二选一"、大数据杀熟、违规收集个人信息的事情屡见不鲜，但自2008年《中华人民共和国反垄断法》实施以来，相关行政判例集中在医药、汽车、通信等领域，几乎没有动过互联网企业的奶酪。在主流和民间舆论场上，"互联网商业模式创新"都是浓眉大眼的主角形象。

坦率地说，中国互联网行业，尤其是消费互联网平台巨头的快速崛起，是中国式宽监管的成果之一。

更重要的是，从张朝阳、李彦宏，到马云、马化腾、刘强东、雷军，再到张一鸣、黄峥、宿华……生于1965—1985年的这几代中国互联网巨头大多出自平民阶层，他们过去20年的财富传奇既是大小财经媒体最重要的流量来源，也是普通百姓"人生跃迁"的指南，更是中国中产这个新兴阶层最耳熟能详的"故事会"和社交密码。

在其他国家，我们很少能看到如此整齐划一的"互联网崇拜"。但这不是什么民族性使然，而是中国经济增长的特殊历史阶段所造就的：和世界其他大经济体的成长历程略有不同，从2000年到今天，中国的城市化、工业化、互联网信息化几乎在同步高速进行中。互联网价值观深深地嵌入了城市化和工业化的进程。"快速增长""流量为王""一夜逆袭""走上人生巅峰"这些带有深刻互联网痕迹的口号，成为某些人的价值观。

在经济高速增长、一部分人先富起来的背景下，这种价值观曾经是创造财富的钥匙。但是过去几年出现了两个变量：其一是自2018年开始,中美贸易摩擦加剧,中国在硬科技方面被"卡脖子",如果不尽快补短板,中国在下一阶段的博弈中将会非常被动。其二是2020年新冠肺炎疫情大暴发,全球线上化、数字化渗透进程加速。数字平台的边界突破更加快速,在社会财富创造、财富分配、公共治理,甚至发展模式中都越来越具有举足轻重的地位。

在这样的社会背景下,强调"商业模式"而不是"硬核科技",强调"逆袭先富"而不是"公平幸福"的价值取向就显得有些苍白。2020年底,我们熟悉的语言体系,监管风向、尺度,社会价值导向开始有微妙的变化:监管从放到收,舆论从扬到抑。

风起幡动:阿里被立案调查

"社区团购"黑化仅13天后,2020年12月24日清早就有重磅消息刷屏:新华社报道,市场监管总局根据举报,依法对阿里巴巴集团实施"二选一"等涉嫌垄断行为立案调查。同一天,中国人民银行、中国银保监会、中国证监会、国家外汇管理局等金融部门宣布将于近日约谈蚂蚁集团。当天,阿里的美股暴跌13.34%,创在美上市以来的单日跌幅之最,港股也同样暴跌8.13%。

要知道,"立案调查"这样的措辞以往极少出现在与阿里相关的新闻中。而且说实话，"二选一"根本不是什么新鲜话题。2017年京东就对天猫提起过诉讼，称其滥用市场支配地位逼迫商户"二选一"。但直到2019年7月前，这个案件一直围绕着"法院管辖权"在原地打转[1]，其间主要是各家高管打嘴仗，没有任何实质性进展。

但2020年10月以后，阿里系（蚂蚁金服）的处境开始变得微妙。蚂蚁金服上市两天前被紧急叫停，国家对小额贷款业务的监管政策逐步收紧：提高自有资金比例，限制跨省业务范畴，限制小贷牌照数量——这些对于90%的利润来自小额贷款业务的蚂蚁金服来说都是近乎"腰斩"的招数。随即银保监会主席郭树清在2020年新加坡金融科技节上公开表态：

1. 小额支付市场是重要金融基础设施；
2. 大型科技公司利用数据垄断优势，阻碍公平竞争；
3. 要对科技公司跨界混业经营产生的新型"大而不能倒"的风险及时精准拆弹。

很明显，"大"不再是"护身符"，弄不好反而是"惹祸牌"。12月26日被二次约谈后，蚂蚁集团的动作很快，第二天，

---

[1] 北京市高级人民法院立案伊始，阿里就"法院管辖权"提出异议，认为案件应该由浙江省高级人民法院审理。被一审驳回后，阿里向最高人民法院提起上诉，最高人民法院二审仍然维持原判，认定北京市高级人民法院的管辖权。这中间历时一年零八个月之久。

即12月27日晚上，迅速发布公告，称自己将立即着手制定整改方案和工作时间表。

立案调查阿里的风波还未平息，2021年新年刚过，拼多多一名1998年出生的员工因为加班猝死，又引发了一场关于劳资关系的舆情。紧接下来的几天，上海市长宁区劳动保障监察部门宣布介入调查拼多多的劳动用工情况，新华社将此评论为"畸形加班文化之痛"，呼吁"加强对劳动者合法权益的保护"。

回头看，所有的细节都在暗示着风起幡动，历史换了一个方向，一路疾驰而去。

仔细想想，所谓"历史"，不过是后知后觉地叙事罢了。在历史的当下，我们都只能模糊地感知到青蘋之末的微微颤动：对于中国的数字平台来说，逐草而居、尚武好斗的游牧文明时代正在接近尾声，而安土重迁、讲究秩序的农耕文明时代正在匆匆赶来的路上。

大洋彼岸的蝴蝶翅膀：马斯克、特朗普

2021年的第二周，短暂的新年宁静被打破。1月7日，受益于拜登政府在清洁能源领域的坚定立场，特斯拉开盘即大涨，市值突破7770亿美元。一夜之间，"火星人"马斯克身家暴升至1850亿美元，取代贝佐斯成为新的世界首富。

和老成持重的巴菲特、主流精英的比尔·盖茨比起来，马

斯克的财富登顶之路显得颇为戏剧化：30岁成为亿万富翁后，因为在特斯拉、太阳城（SolarCity）、太空探索技术公司（SpaceX）和Neuralink（脑机接口）等新科技企业上的全线投入，几乎挣扎在破产边缘，之后因为企业估值上涨又跻身全球富豪前50人榜单。直到2020年初，马斯克集齐了七颗"龙珠"：新冠肺炎疫情导致全社会数字化进程加速；拜登上台导致新能源概念暴涨；美联储[1]史无前例的放水刺激需求；中国工厂落地解决了产能问题……再加上他个性天马行空，充满话题性——在各种因素的刺激下，一年内，特斯拉的股价飙升7倍多，马斯克的身价也暴涨1500亿美元，接连超过巴菲特、比尔·盖茨和贝佐斯，登上财富巅峰。

对于位居富豪榜单前列的这些人来说，"身家"只是数字游戏，不值得那么关注。当天马斯克自己也在社交媒体推特上说："有什么好奇怪的，好了，回去工作吧。"但从时间维度上看，马斯克成为首富却有着不太一样的含义——特斯拉是全世界被做空最多的股票之一，也是被散户讨论最多、股民年龄结构最年轻的股票之一。在著名的华尔街赌局（WallStreetBets，WSB）论坛上，特斯拉和马斯克的拥趸基本由40岁以下的Y世代和20岁出头的Z世代构成。在他们眼里，"马斯克"不是一个纯粹具象的人，而是这个时代数字技术理想主义的图腾；他象征着

---

[1] 美国联邦储备系统，是美国的中央银行。

"颠覆式破坏创新"和"规则秩序彻底重构";他代表着数字社会的新势力,也承载着星际生存的另类理想;他是破坏和荡涤,也是拓荒和重建——这样一个"叛逆者"被加冕为主流财富世界的王者,意味着关于价值、资产、财富的很多认知以及规律和原则都正在被改变。

一位Y世代投资人就曾跟我说:"他(马斯克)对我影响很大,包括该以什么样的一个视角去看待这个世界,以及该有什么样的人生。所以我现在踏踏实实做的一切,都是希望有一天可以引领发展。"在为本书搜集、整理资料的过程中,我们团队的"00后"则兴奋得直搓手:"特斯拉前景如何我不知道,一切皆有可能,但成败也无所谓。作为一个理工男,SpaceX这样的公司真是让人没法不激动、不喜欢。"

马斯克在加州改写全球财富榜单的同时,即将卸任的特朗普也在华盛顿哥伦比亚特区创造了美国新历史。

2021年1月6日,美国国会召开认证大选结果的联席会议。为此,特朗普从1月4日就开始在推特上邀请支持者6日到华盛顿参加"拯救美国大游行"。两天内,数以万计的特朗普拥趸从四面八方会聚到国会大厦前。1月6日下午,特朗普激情演讲,称拜登从自己手里"偷走了选票",指责选举系统是一个"腐败的制度","美国正在被摧毁,(我们)决不能容许这种情况发生,决不能退步,必须继续斗争下去"。情绪激动的示威游行队伍旋即开往国会山,并变得越来越躁动和暴力。示威者带着武器，高喊口号，砸碎门窗，攻破了国会大厦。议员们被逼钻到桌子底下，匍匐在地，四下逃散。示威者在国会大厦里肆意打砸。网上有张让人印象深刻的照片，一名胡子拉碴的中年男子带着电击棒闯入众议院议长佩洛西的办公室，得意扬扬地将脚翘在办公桌上留影纪念。

混战持续了数小时，导致6人死亡，包括1名警察和1名退役女军人。副总统彭斯决定调用国民警卫队入场镇压。当晚6点，华盛顿开始实施紧急宵禁。我同学从现场发回了照片，荷枪实弹的士兵、彪悍的军车、刺眼的灯光、空荡荡的街道、紧张肃杀的气氛，场面之魔幻堪比好莱坞大片。

这一幕实在让人印象深刻。自1814年英国人在英美战争期间纵火焚烧华盛顿以来，这是200年间国会大厦首次被占领、攻击和破坏。记得当天清早我睁开眼，手机屏幕上漫天都是火光、烟幕弹、枪战……我猜很多人跟我一样，面对那些满目狼藉、混乱不堪的照片，很难说得清当时的复杂感受——大概是瞠目结舌又百感交集吧。在这一天之前，很多人可能没有想过，暴乱、纵火、打砸抢、宵禁……这些熟悉又陌生、刺耳又遥远的词语会被用来描述美国，没有想过民主和民粹中间的那条界限是如此模糊和脆弱。

就在那一刻，我隐约感到，2020年曾说过的"2020年疫情让分化的冰山加速断裂驶来"正在变成现实。那些曾蛰伏于冻土之下的病毒、细菌，也在逐渐升高的温度中蠢蠢欲动。

1月7日，当地时间凌晨3点多，美国国会参众两院联席会议完成了选举人团票认证，拜登以306票的多数票当选美国第46任总统。同时华盛顿哥伦比亚特区决定，为了保证权力的正常交接，在1月21日拜登宣誓就职之前，将增派2万多名国民警卫队。"迷彩服"和装甲车浩浩荡荡地开进了国会山，街上很快恢复了秩序，人群熙熙攘攘，看上去一切如常。

但是平静的表象之下暗流汹涌，真正的伤口还在暗里被撕裂放大。1月7日，脸书[1]宣布，因为发布的内容威胁到合法、和平的权力交接，特朗普的社交账号将被封禁至1月20日其总统任期正式结束。第二天，推特又宣布永久封禁特朗普的社交账号，理由是他的内容"有进一步煽动暴力的危险"。

这也是美国媒体历史上的一个重要时刻——顷刻间，一个美国公民，同时也是现任总统的所有痕迹被抹得干干净净，仿佛不曾存在过。这件事让厌烦特朗普出格举动的人很"爽"，但同时也引发了更深层次的不安。

其一，掌握话语权的精英层和失语的"特朗普阶层"会进一步陷入自我加强的内部循环吗？一个数据很能说明问题，从1月6日煽动国会暴乱到1月8日被推特永久封号，两天内特朗普在推特和脸书上的粉丝数共计涨了20多万。这意味着什么？意味着在一个"消失中间层"的社会中，"特朗普阶层"的人数可

---

[1] 2021年10月28日已更名为Meta。

能远远大于精英层的想象。但是，日趋激烈的党争让美国社会被简单粗暴的二分法裹挟，这个数字被选择性地忽略了。美国社会一直引以为豪的多元沟通机制越来越步入死地。

其二，也是更重要的一点，数字平台的权力是否已经开始**超越经济层面，强势介入政治领域**？从21世纪初开始，我们的生活被巨型数字平台快速渗透。数十亿人在数字平台上聚合，信息传播的速度之快和信息创造的数量之巨都前所未有。为了实现"精准商业"的目的，平台算法创造了信息的"过滤气泡"，这使得社会信念的塑造和摧毁都变得唾手可得——**通过控制算法和数据，数字平台拥有了"企业"这种组织难以想象的力量**。这种力量正在日渐对全社会产生不可估量的影响，而人类社会从政策到思想，都还没有做好准备。对此，时任德国总理默克尔表达了自己的质疑：究竟是谁赋予了数字平台决定特朗普"社死"与否的权力呢？再进一步追问，随着数字社会进程的加快，当线上数字世界和线下物理世界之间的边界越来越模糊的时候，平台作为数字世界中的"治理者"，是否会与现有的权力结构发生冲突？这种冲突该如何解决？

显然，这个问题全世界都没有现成的答案。

2021年初，中美两国（占全球70个最大数字平台90%的市值），以风格迥异的方式开启了关于限制平台权利/权力的讨论和行动。这可能是巧合，也可能是历史演进中的必然。

丰年好大雪：拜登就任美国总统

特朗普被数字平台禁言后，2021年1月20日，78岁的拜登就任美国第46任总统。自此，属于拜登的2021年要拉开序幕了。作为美国历史上最年长的当选总统，拜登要应对的是一个微妙复杂的"疫后世界"，疫情控制、经济恢复、就业充分、通胀温和、社会矛盾缓和，是不可兼得的目标。

在全球新冠肺炎疫情反复和国际关系类冷战的大环境下，为了保证顺利拿下两年后的中期选举，"安内"成了拜登政府政策选择上优先级最高的事项。1月15日，距离就职典礼不到一周时间，美国多家媒体报道了拜登高达1.9万亿美元的经济救助计划，其中包括15美元的最低时薪、数千亿美元的州政府救助、600亿美元的新冠疫苗接种和病毒筛查费用，而最惹人注目的是高达2000美元的居民现金补贴。紧接着，1月19日，被提名为财政部部长的美联储前主席耶伦表示支持拜登的1.9万亿美元经济救助计划，甚至进一步表示要"act big（搞点大动作）"。再加上12月被提名为美联储主席的鲍威尔也是一个放水毫不手软、缩表小心谨慎的超级鸽派——各种信号都表明，疫后的经济恢复是拜登政府最主要的"大政方针"之一，美国货币财政的"药"不能停、"水"不能断。

市场开始为"丰年好大雪"的瑞兆起舞：道琼斯指数一路走强；10年期美国国债收益率快速攀升；连疲软已久的国际大

宗商品市场也high（兴奋）了起来；石油、煤炭、天然气等传统能源价格持续上涨；铁矿石期货价格同比上涨近50%。市场上充满了快活的气息。

唯一的不和谐音符是，全球汽车厂商普遍感到焦虑。因为芯片供应不足，本田、大众、福特先后宣布2021年将大幅减产或者关停部分工厂。中国国内的一汽大众和上汽大众也因为芯片问题开始停产。不过，在资本市场的一片景气中，这个插曲并没有引起太多波澜，市场普遍认为它不会持续太久或者不会兑现到业绩中。谁都没有想到，这个插曲会在水大浪大的疫后世界里扮演更重要的角色。"丰年好大雪"之后，"珍珠如土金如铁"的通胀问题将成为2021年的主要"曲目"。

2021年的一切暴风骤雨，早在冬天已经伏脉于山林。

"夫风生于地，起于青蘋之末，浸淫溪谷，盛怒于土囊之间，缘太山之阿，舞于松柏之下，飘忽淜滂，激飓熛怒，耽耽雷声，回穴错迕，蹶石伐木，梢杀林莽。"[1]

---

[1] 战国·宋玉《风赋》。

第二章

生活因你而火热

> 这是一个恋爱的季节,空气里都是情侣的味道,孤独的人是可耻的。
>
> ——张楚《孤独的人是可耻的》

身骑白马：茅指数、含坤量、基金抱团

在美国群众为拜登和特朗普的恩怨"吃瓜"的时候，中国居民正在疯抢明星基金和白马股：2021年开年前6个交易日，公募基金募资超过2000亿元。仅1月11日一天，就爆出5个"百亿日光基"：富国价值创造、工银瑞信圆丰、南方阿尔法、博时汇兴回报和易方达战略新兴产业。

这不能怪老百姓疯狂，实在是过去两年基金业绩太好。2020年新发基金规模超过3万亿元，一半的基金经理都给投资者赚到40%以上。其中成绩最好的一批基金经理，包括已经封神的张坤，基本都是"价值投资"的拥趸，重仓的也大多是像茅台这样盘子大、业绩优的头部公司，2020年涨得最多的就是这类白马股。

实际上，自2016年开始，以"大市值、高ROE[1]、高成长性、现金流优异"为特征的股票就开始受到资本市场的追捧，大消费领域是其中的佼佼者，很多细分行业都出现了千亿市值的"大白马"，比如金龙鱼（食用油）、海天酱油（调味品）、格力电器（家用电器）、爱尔眼科（眼科）、恒瑞医疗（医药）等，更不要说白酒行业的五粮液、泸州老窖了，动辄几千亿市值。贵州茅台更是在2020年7月6日首次突破2万亿元市值，成为大A第一股，同时以1300亿元的持仓成为基金第一持仓股。贵州茅台在股市中的超然地位创造了一个词——"行业茅"。一时间，各行业龙头股都被冠以"茅"后缀，以彰显其尊荣的股市地位。

2020年9月21日，万得资讯（Wind）编制、发布了由35只"行业茅"组成的茅指数。大家这才发现，原来从2017年开始，茅指数就已经以平均年化高于60%的回报率连续四年碾压大盘，光2020年就翻了一番。这等业绩自然更惹来基金重仓、媒体关注和股民热议，于是又推动股价、市值继续上涨，涨得越多，越吸引资金入场；资金入场越多，估值越高，越吸引市场关注。

一个正向螺旋不断推动这些资产价格上行，机构和散户同时蜂拥而至，"抱团"成巨大的雪球，轰隆隆裹挟着指数向前行

---

[1] ROE即股本回报率（Return on Equity），表示公司能用每单位股东提供的资金获得多少净利润。这是一种常用来衡量盈利的指标，计算公式为ROE=净利润/股东权益平均余额。

进。2021年春节前的一个月,被抱团的"茅资产"炙手可热,贵州茅台股价从2000元上涨到2600元的历史新高,"疫苗茅"智飞生物涨幅超过40%,"猪肉茅"牧原股份十几天涨了53%,"牙科茅"通策医疗和"中药茅"片仔癀的涨幅也超过30%。

2021年1月底,我们团队在三亚玩,下午躲在亚龙湾的冰室里聊天。几个人八卦起某基金经理急赤白脸地换仓,终于滚上了抱团的雪球;张坤旗下基金如何堪比 Air Jordan 球鞋限量发售,拼的全是手速……当时,冰室另一头有一个50来岁的大哥,从我们开始聊就一直静静地听着,不时在手机上写几个字。当我们说到市场已经有非理性繁荣的迹象,今年亏钱恐怕比赚钱容易的时候,大哥坐不住了,往我们这边走过来,介绍说自己是做建材生意的,也不懂这些,但是儿子懂——他掏出手机,熟练地打开知乎和雪球,说儿子经常在这上面学习、讨论,并且最近跟他说,国家政策全面转向,房市要崩,大牛市要来了,让他赶紧砸锅卖铁下注各类"茅资产",今年保准翻番。"可你们咋说今年不行呢?"大哥用期待又怀疑的眼光看着我们,"我儿子说现在中国股市已经价值回归了。"大哥用了一个很专业的词汇。"他说是一个大牛,"他低头看了一下手机,"就是你们说的那个张坤说的。"

在大哥展示手机给我看时,我不小心看到了他儿子的ID

名"身骑白马",忍不住微笑起来。[1] 2021年1月的股票、基金市场上,跟大哥儿子一样想法的年轻人还有许多。这个月A股新增投资者209.43万人,同比增加161.57%,增幅创2016年以来的新高。在新增投资者中,没有经历过A股市场毒打的"90后"和"00后"是主力军:东吴证券新开户客户中,"90后"和"00后"占比超过50%,银河证券30岁以下的客户已经占到30%——年轻人缺的是金钱,不缺的是勇气、赌性和精力。他们迅速投身到A股轰轰烈烈的"价值潮"中,为几百上千元的盈亏心潮起伏,在知乎、雪球、微博、微信、天天基金的论坛里长篇累牍地交换投资心得、看K线、算安全边际,在各个核心资产中腾挪,想象着自己有一天也能像徐佳莹歌里唱的一样"身骑白马,走三关"。

社交媒体的"叙事"助长了资产价格的上行,除了茅指数一飞冲天外,和成长、价值挂钩的基金也火爆到出圈。易方达的张坤因为坚持价值投资,从2015年开始就大量持有贵州茅台等核心资产,业绩稳如磐石,被年轻投资者们簇拥上了神坛。这是中国股市独一无二的风景线:一个戴着厚片眼镜、发际线后退的中年金融男被少男少女们比着心昵称为"坤坤",拥有万人粉丝后援团,自称"iKun"的粉丝们为他建立超话,签到、

---

[1] 这位大哥提出的是一个不可能得到准确答案的问题,所以我最后只能跟他说,目前这个时间节点入场,2021年亏钱的概率比翻番的概率要大。至于其余的问题,遇见算是有缘,我让他下载得到App,并送了他一份课程《香帅中国财富报告(2020—2021)》,请他自己去找答案。希望他好运。

发帖、打call。口号更是极其喜庆："坤坤勇敢飞，iKun永相随。""坤坤不老，蓝筹到老。"市场上甚至出现了半戏谑的价值标杆——含坤量，大市值股票看是不是张坤的重仓股，小市值股票看十大流通股东里有没有张坤的基金，张坤持仓越重，股票含坤量越高，涨得就越多。

社交媒体时代，"叙事"显示了它摧枯拉朽的力量：截至2020年底，张坤管理的基金总规模达到1255.09亿元，成为中国第一位主动权益类的"千亿基金经理"；1月25日，张坤的代表作易方达蓝筹精选混合净值大涨5.05%；1月26日，"张坤"登上新浪微博热搜前10，连春晚彩排都排在其后。因为太过火爆，2月10日和2月24日，易方达蓝筹精选和易方达中小盘先后暂停申购。

跟"茅指数""含坤量"一起出现的热词还有"基金抱团"。顾名思义，基金抱团就是数家（现在一般定义为50家）基金集体重仓某只或某几只股票，推动股票价格上涨，造成赚钱效应，又吸引资金进一步追捧，让股价持续上涨。基金抱团不是什么新现象，2007年基金就曾抱团扎堆过招商银行、万科A和中信证券这些大蓝筹。原因也不复杂，当时市场火热，出现不少百亿级的大基金，但A股规模小，绝大部分是50亿元以下的中小市值股票——就像浅水无法行大船一样，这些股票无法承载大基金的建仓，所以大量资金集中涌向大蓝筹。大蓝筹股价的上涨吸引散户追涨，其余的基金担心错过当期上涨最多的股票导致基金相对业绩不佳，也抓紧时间上车，引起一波"银地证"蓝筹狂潮，招商银行、万科A和中信证券的市盈率曾一度高达64、100和107。换句话说，抱团在很大程度上是市场自发的选择，各方都是理性决策，但其后果是股票价格很容易"过度反应"，出现价格偏离价值太远的情况。

2021年初，在科技、医疗、消费这几个赛道抱团的龙头也是一样的。这几个领域都是"坡长雪厚"的大赛道：居民收入上升，14亿人口的消费大市场是中国经济最大的基本面；老龄化社会来临，对生命质量的要求提高；中美博弈大背景下，科技兴国和工业数字化则是中国面临的最紧迫任务。这些基本面的逻辑都很强。但抱团的另一面则是基金业的"搭便车"现象。过去两三年，很多中小基金机构逐渐琢磨出了一个舒服的赚钱方式：找带头大哥——跟着大基金公司挑个赛道，然后买赛道里的龙头公司。其结果是，各个基金重仓股的重合度越来越高，价格也涨得让人越来越胆战心惊。

资本市场的铁律是，大众的狂欢永远在价格的盛宴之后。

2021年2月22日，上证指数跳空高开了几天后，开始掉头向下，并自此开始了长达近半年的下行盘整。二季度，基金热退潮，新发基金数量回落，房地产调控加码。三季度，经济下行压力日益凸显，共同富裕成主线，金融去杠杆继续，房地产业的债务风险暴露，市场始终在低位震荡。从2月18日到9月30日，茅指数最大回撤超过30%，各个"行业茅"都7折、6折，甚至5折出售。张坤的易方达蓝筹净值最大回撤一度高达

31.8%，半年业绩排在同类型基金的第1013位（共1215只基金参与排名）。"含坤量"几乎成了市场二三季度的反向指标。7月初，各大基金公布上半年业绩，之前重仓白马价值的基金遭遇团灭。顶流基金经理们纷纷开始沉痛反思。银华基金的焦巍认为自己"判断过于主观"，交银施罗德基金的王崇"表示深深的歉意"，就连"公募一哥"张坤都罕见地表示："回首自己以往的判断，发现有不少错误。"

狼来了：缺芯，大宗商品与周期股的春天

2021年的春天还没有过完，A股就这么从白马上摔了下来。但是除了节前刚满怀期待入场的"新韭"，并没有人太过在乎。

毕竟市场从来不缺热点。就在贵州茅台股票价格滑落的同时，有色金属和化工这种N年不动弹的"僵尸"板块悄悄上涨了近20%。各大券商的晨会上，已经躲在角落里好几年的周期研究员终于获得了发言的机会。要知道，自2016年底经济增速下滑以来，煤炭、钢铁、石油、天然气等周期行业就再也没扬眉吐气过，去产能、行业出清是关键词，利润和股价总是行业倒数。某家著名基金公司，2020年底干脆把周期研究员全开了，理由是夕阳行业的股票既没有上涨空间，也没有话题性，不如不研究。谁能想到，2021年一开春，一脸菜色的"周期"居然把"白马"踢倒在地呢？

不过，A股的"白马倒地，周期雄起"不是无风之浪，将它掀起的是太平洋吹来的通胀之风。

2月12日，美国30年期国债利率向上突破2%，通胀的预期来了。再一看，全球大宗商品市场已经全线上涨：棉花、食品、铁矿石、白银、原油、天然气，价格在过去6个月上涨了6%～43%不等。铜价格飙升至近9000美元/吨，逼近历史高点，全球三大交易所铜的库存同比下降近40%。花旗和高盛先后将铜的目标价提高到1万美元/吨以上，高盛认为全球铜市场正面临着10年来最大的供应短缺，未来几个月铜很可能陷入供应赤字的状态。

比铜更"价格暴涨，库存告急"的是芯片。其实早在2020年，芯片短缺的问题就初露端倪。疫情导致产业链衔接不顺利，中美贸易摩擦争端造成芯片市场占有率变化，厂商抢购囤积。另外，疫情加速数字化转型，对芯片的需求量上涨——但谁也没想到，这次发生芯片危机的，不是电子消费行业，而是全球化程度最高、产业链最长的汽车行业[1]。

---

[1] 汽车行业在全球可贸易品行业中地位非常重要。在美国，2020年汽车零部件销售额占社会零售总额的20%；在中国，2020年汽车行业对GDP的直接贡献是4%，汽车制造业营收占到总体工业企业营收的7.68%，汽车类消费在整个社会消费品零售总额中占比超过10%，全产业链带动就业人数为所有行业第一。汽车制造业涉及国民经济中的诸多行业。从生产过程来看，汽车工业对钢铁、有色金属、橡胶、塑料、玻璃、涂料等原材料工业，铸、锻、热、焊、冲压、机加工、油漆、电镀、试验、检测等设备制造业，机械、电子、电器、化工、建材、轻工、纺织等配套产品和零部件产生巨大需求；从使用过程看，汽车行业对公路建设、能源工业、交通运输业和服务业产生巨大需求，从而推动相关产业的发展；在销售及售后过程中带动了汽车贸易业、金融服务、保险、维修等产业的迅速发展。此外，汽车工业的发展还促进了新型钢材、合成橡胶等材料的研发，各种高性能设备、自动化设备、数控机床、自动生产线、机器人等装备的制造以及电子信息技术等产品的应用，推动相关行业发展。

在这个关联日渐紧密的地球村，蝴蝶效应随处可见：受2020年上半年疫情影响，全球各大车企普遍认为汽车销量不会太景气，所以缩减上游芯片供应商和给芯片供应商代工的晶圆厂的订单。但没人预料到，中国二季度就控制住了疫情，经济进入快速恢复的通道。同时美国"直升机撒钱"[1]的财政刺激让居民的消费力得到充分释放，汽车等耐用消费品的需求暴涨：2021年上半年，新车普遍出现涨价潮，却还是一车难求，甚至连10多万美元的豪华车，最多在经销商那里停留几个小时，就被迅速销售出去了。

为了加快生产，各大车企纷纷开始"找芯"——问题是，产能的调整是需要时间的，更何况，芯片代工商已经将产能分配给了疫情期间需求量激增的消费电子领域，无暇顾及技术含量和利润都不高的汽车芯片。再加上疫情导致的物流运输问题，芯片荒开始在汽车行业蔓延。从2020年底到2021年初，大众、奥迪、福特、本田、日产、克莱斯勒、斯巴鲁……都被迫减产、停产，奥迪更是直接让1万人停工停产，"芯片荒"开始变成全球性的"芯片慌"。

2021年1月，微控制单元（MCU）[2]价格上涨5%~47%，其余车载音频放大器、存储芯片的价格也都是10%以上的涨幅。

---

1 "直升机撒钱"是一项极端货币政策，指国家中央银行以税收返还或者其他名义直接发放货币给家庭或消费者，目的是刺激消费，降低失业率，克服通货紧缩。
2 根据美国电子元件协会的数据，MCU供应不足是造成大多数车辆停产的重要原因。一部传统燃油车要使用几十到数百颗MCU，而新能源车MCU的用量是燃油车的两倍多。

各国政府都坐不住了。2月9日,中国工信部开始找各大汽车芯片供应企业促膝谈心,"建议企业高度重视中国市场,加大产能调配力度"。2月11日,白宫官员给媒体发公告,说拜登政府将致力于解决芯片短缺问题。当天,美股芯片股大涨。

跟芯片股一起暴涨的是二手车价格。因为新车一车难求,手里攥着大把现金的美国居民退而求其次,转向了二手车市场。从2020年3月美国疫情暴发到当年9月这段时间,美国二手车平均价格飙升了17%,是全美所有产品中涨幅最大的。尤其是奔驰、宝马、奥迪等品牌的热销车型,屡屡出现开了一年的二手车比当年新车价格还要高的情况。[1]

大宗商品涨、芯片涨、汽车涨……自从20世纪90年代中国作为世界工厂崛起以来,全球很少受到供给不足的困扰,各国政府在宏观上主要致力于对付需求不足的魔鬼。一场全球疫情后,物流受阻、产能受限的戴维斯双击[2]导致供给疲软,配合财政货币政策滋养的旺盛需求,多年不现身江湖的通胀开始蠢蠢欲动了。

2月19日,美国供应管理协会(IMS)发布最新行业调查数据,反映经济景气度和市场价格的采购经理人指数(PMI)创下过去6年以来的新高。其中,综合物价分项指数达到2009年以

---

1 数据来自汽车报价网Edmunds和美国汽车交易平台TureCar。2021年1月美国市场的二手车销量为320万辆,2月为356万辆,二手车平均挂牌价比上年同期高了2200美元。
2 戴维斯双击是指在低市盈率时买入股票,待成长潜力显现后,再在高市盈率时卖出的投资策略,这样可以获取每股收益和市盈率同时增长的倍乘效益。

来的历史峰值。同一天，美国最大零售商和最大雇主沃尔玛披露四季度财报，得益于2020年底美国政府9000亿美元的财政刺激，沃尔玛四季度销售极其强劲，决定给40多万名员工涨工资，并且支持拜登政府将联邦最低时薪提高至每小时15美元。作为美国经济的晴雨表，沃尔玛的这一举动向市场释放了强劲的复苏信号，也释放了关于消费和通胀的压力预警。

尽管通胀压力出现，但是就业数据并不令人感到心安。2月18日，美国劳工部数据显示，在截至2月13日的一周中，美国首次申请失业救济的人数比预期多了近10万，并且连续5个月都没有出现改善迹象，这意味着美国经济复苏之路较此前的预期更为艰难。

经济学界开始争论刺激会不会导致通胀的问题。一方面，美国财政部前部长、哈佛前校长萨默斯认为，目前刺激规模已经是产出缺口的数倍，补贴已经使得失业的人比正常就业的人收入还高，劳动力供给恢复缓慢，这样下去会导致通胀上升，损害美元价值；另一方面，美国现任财政部部长、美联储前主席耶伦强调，充分就业是目前的重点，所以经济全面恢复才是首要任务。

但如果从拜登政府的角度来考虑，这件事情的取舍就变得非常清晰了：在疫情和国际局势皆不可控的情况下，"安内"是拜登政府政策选择上优先级最高的事项。2020年美国经济已经开始恢复，所以目前拜登没有退路，2021年必须有一个完美的经济复苏状态，只有这样，他才能在2022年的中期选举中占据先机。

2月18日，耶伦再次敦促国会采取行动，通过拜登总统提议的1.9万亿美元经济救助计划，以促进经济全面恢复增长，强调刺激规模不够大会造成更大的风险。2月23日，在参议院听证会上，美联储现任主席鲍威尔态度非常明确，就业比通胀重要，美联储不担心通胀，货币政策不会在短期（2年）内收缩，会继续为经济提供强有力的支持，"直到经济复苏完成"。

听到这一好消息，美股一片欢腾：23日当天，道琼斯指数和标普500指数尾盘立即转涨，纳斯达克指数的银行、航空和旅游股也普遍上涨，白银和黄金也出现反弹。

通胀怕什么呢？都是转眼即逝的，只要有源源不断的"水"涌进来，资本市场理所当然要继续狂欢。芯片的问题留给高通和台积电伤神，来，让我们继续跳舞吧。

"每当浪潮来临的时候，你会不会也伤心，在拥挤孤独的房间里，我已经透不过气，在这冰冷无情的城市里，在摩登颓废的派对里，每当吉他噪音又响起，电流穿过我和你，你你你你要跳舞吗？你你你你要跳舞吗？你你你你要跳舞吗？"[1]

你要跳舞吗：中国造车新势力

截至2021年1月，中国新能源车相关企业超过20万家，当

---

1 新裤子乐队《你要跳舞吗》。

中整车制造厂[1]就接近200家[2]。仅2020年一年就新增相关企业7.86万家，平均每天超200家注册，进入新能源车赛道。

回想2016年，特斯拉年度产量还不足8.5万辆的时候，马斯克就放言传统车企他都不放在眼里，自己最大的竞争对手只有苹果。5年后，特斯拉果然已经成为全球市值最大的车企，其间苹果造车的新闻传了一波又一波，仍旧还是个"筹备中项目"。马斯克一看，中国倒是成了个新能源车基地：房地产商早就躬身入局，恒大造车、宝能造车，连自己的特斯拉也跑到上海弄了个占地86.5万平方米的巨大工厂，新品牌除了美国纳斯达克"三小"——理想、蔚来和小鹏，还有哪吒、零跑、威马、天际、爱驰、HYCAN合创……2021年，更有一大波曾经赌咒发誓"绝不造车"的互联网老朋友在匆匆赶来的路上。

2021年1月11日，百度宣布和吉利进行战略合作，正式组建智能汽车公司，以整车制造商的身份进军汽车行业。一个月后，百度CEO李彦宏表示将投入500亿元研发费用造车，百度汽车将于三年内推出。

2021年1月13日，阿里巴巴杀入造车赛道。由上汽、张江高科和阿里巴巴联合打造的高端智能纯电动汽车，取名IM智己，宣布当年4月份上海车展期间就开始接受全球预订，2022年就能

---

[1] 指经营范围包含新能源车、电动汽车、插电式混合动力汽车、燃料电池汽车，且状态为在业、存续、迁入、迁出的企业。
[2] 2021年9月13日天眼查具体数据为198家。

向车主交付。

2月20日,富士康母公司鸿海集团宣布,鸿海与吉利、FF[1]合作的MIH电动车平台预计2021年四季度将会有2~3款新车亮相,电动汽车业务今年就能创收。

3月30日,在小米新品发布会上,曾多次声明不造车的雷军宣布,自己将押上人生全部声誉,亲自带队造车,进行"人生最后一次重大的创业项目"。当天晚上,小米集团在港交所也发布公告,宣布了预计未来10年投资100亿美元的智能电动汽车项目,雷军亲自兼任CEO。

4月份,互联网造车热潮仍方兴未艾。先是媒体传出滴滴启动独立造车项目;接着华为轮值董事长徐直军表示,华为将深度参与中国"造车局",为中国智能电动汽车提供全套解决方案,并将和三家车企合作,打造三个汽车子品牌;再接着,360的周鸿祎也来凑热闹,领投哪吒汽车30亿元的D轮融资……

至此,靠谱的、不靠谱的,跑马圈地的、战略转型的,跟制造业毫不沾边的、真做过制造业的,都云集到了"中国智能电动汽车"这个大戏台之上。你还没唱罢,我就赶着登场,唯恐错过了这个中国当下为数不多的既有资本市场卖点,又有产业基础,还符合国家政策导向的大赛道。

---

[1] 美国车企Faraday Future(法拉第未来,简称FF),是贾跃亭作为创始人于2014年在洛杉矶创立的电动汽车品牌。2016年1月在拉斯维加斯正式发布首款量产电动车FF 91。2021年7月22日,法拉第未来在纳斯达克挂牌上市,股票代码为"FFIE"。

在所有决定要做电动汽车整车制造的大佬中，百度和小米是在相关领域积累最深厚的，这两家的战略转型也正是2021年中国企业生态变化的一个剪影。

百度从2013年开始布局自动驾驶赛道，当年"Apollo（阿波罗）计划"云集了奔驰、宝马、大众、丰田、本田等十多家车企，还有各个科研机构、互联网运营商，风头一时无两。2017年百度推出的Apollo系统，号称要做成"自动驾驶领域的安卓系统"。在这个赛道上，百度确实有相当的优势，百度地图、云存储、AI技术储备，以及数据采集能力和数据质量，都在国内领先。但梦想永远比现实性感，阿波罗系统面临着很多实际的商业落地问题。

其一，自动驾驶不完全是个技术问题，基础设施和法律法规才是硬门槛。当年李彦宏坐着自动驾驶汽车在北京四环现场直播，结果被交管部门约谈。目前电动汽车的"自动驾驶"多采取辅助功能（L2、L3级别），离完全的自动驾驶（L4级别）还比较遥远。其二，谁都想做终端，自己掌握个人消费市场主导权，不愿意成为他人系统的"代工厂"，所以稍有市场占有率的车企都不会愿意采用百度的解决方案。其三，虽然百度在人工智能、自动驾驶技术上已经有很多积累，但操作系统是个系统性工程，和谷歌、苹果乃至华为相比，百度的优势确实不明显。相反，中国在硬件制造方面相对优势更突出。作为全球第一汽车制造大国，中国产业链配套比较完整，在动力电池方面的成本和产能优势也比较明显。

同时,百度的传统主业搜索引擎也面临着很多问题:为了争夺用户数据,各大厂都在搞自己的搜索,而且开始主导将互联网从"开放"转向"各自封闭",百度的搜索引擎成了入口;"新势力"的挑战也层出不穷,年轻人搜索用B站(哔哩哔哩)、抖音,甚至很多垂直类App的站内搜索,比如得到App的电子书内容搜索,也在持续进步,或多或少地都在蚕食百度护城河日渐变窄的业务。因此,从很多维度综合考虑,百度"下场造车"就成了一个不得已也必为之的战略转型选择。

如果说百度的下场更多是出于自身原因,是第一代互联网企业突破增长瓶颈的尝试,那么雷军的"最后一战"则更反映了当下中国在新能源产业链和汽车产业链上生态位的变化。

历经20多年的代工,中国已成为全球第一大汽车制造国。尤其在汽车零配件行业,中国10万中小厂家提供了全球80%的产量,积累了大量产业经验和技术。但在传统燃油车的产业链上,整车制造企业处于枢纽地位,掌握发动机、变速箱和底盘等核心技术。中国作为跟随者,在核心技术和自主品牌方面,与德日韩美等国还相距甚远。新能源车制造更模块化、集成化。其产业链中,动力电池、驱动电机、电控系统等关键核心部件的研发与配套能力相对独立,这给了外部企业更多的入局机会。而化工、电机、自动控制这些工程类专业属于中国的传统强项,有较多积累。宁德时代已经是全球动力电池行业的老大,加上比亚迪、国轩高科、中航锂电等第二梯队企业，中国动力电池产量已占到全球总产量超过40%的份额。精进电动曾一度攀升到驱动电机行业全球第二的位置，上海电驱动在电机和电驱方向都能排进全球前十。这意味着在电动汽车的核心部件生产上，中国有一批零部件企业已进入国际配套体系，形成相对完整的产业链条，甚至在部分环节处于国际领先地位。

此外，中国的巨大人口数量和移动互联网的高渗透率，以及相对低的千人汽车保有量——迄今为止，我国的汽车千人保有量在200辆左右，只有日本、德国的1/3，甚至不到美国的1/4，不但为智能电动汽车技术的迭代更新提供了无与伦比的海量数据，也创造并聚集了一个对新能源汽车更加友好的庞大用户群体。截至2021年6月，中国新能源汽车不但产量以44%的占比稳居全球第一，而且渗透率也高达13.7%，远超全球平均3%、日本、美国5%左右的渗透率。更重要的是，中国汽车行业在自主品牌上的劣势，在新能源汽车上扳回一城：传统车企广汽、长城、吉利都拿出了像样的新产品，品牌上比亚迪超过特斯拉跃居全球销量第一，车型上五菱宏光MINI EV拿下全球销量冠军，反倒是国际大牌的合资车企没啥大动静。

各种迹象表明，新能源汽车给了中国汽车产业一个改写历史的机会。新能源汽车是未来，而中国是新能源汽车的未来。全球万亿美元级别的市场想象力，其他国家不敢试，可能也没有条件试，而中国有点儿大钱的企业大多会有点儿念想。而从小米的角度来说，有资金，有制造业基础，有强大的营销体系……这一战如果打下来，小米将彻底占据物联网（IOT）世界的C位。面对这种诱惑，作为一家创立仅10年、全球手机销量前五的年轻企业，作为一个刚过50岁、缔造了数个中国标杆性互联网企业的中生代企业家，小米和雷军有什么理由拒绝下场，不参与这电音节奏的狂热舞蹈呢？

Meme[1]时代：游戏驿站、狗狗币与比特币

从2021年1月19日开始，全世界都被"游戏驿站（GME）：美国散户大战华尔街大空头"的剧情吸引住了。

GME是一家线下游戏零售商，股价一度跌至4美元，后来一直在20美元左右徘徊。2021年1月，因为董事会改组的利好消息，GME的股价几天之内就飙升50%以上，这让活跃在WSB论坛上的年轻散户们热血沸腾了起来——如果使用期权工具，几天内财富翻番、涨十倍都不是问题。

但GME股价的上涨不被华尔街做空机构看好。1月19日，知名做空机构香橼研究（Citron Research）表示："GME的买家注定是这场游戏的输家，其股价将很快回到20美元左右。"

---

[1] Meme（网络模因）是理查德·道金斯在其作品《自私的基因》中提出的，本意是类似于基因，可以在人与人之间复制，具有一定共同符号意义的文化现象或意象。社交媒体上的Meme文化具有病毒式传播力，起到放大事件的作用。

这个举动激怒了WSB论坛上的散户，"GME YOLO[1]"的口号迅速传遍了论坛，投资者大批涌入。1月22日，GME股价再次大涨51.1%，突破65美元；1月25日更是数次触发熔断机制，最高涨至159美元。之后多空两方开展激烈博弈，空头一度将股价砸到60美元出头的水平。1月26日，脸书前高管、硅谷知名风投家查马斯，还有马斯克先后宣布站队散户，马斯克发了一条内容为"Gamestonk"[2]的推特，又引发了一波盘后价格大涨。

1月27日，GME跳空354美元高开，比两周前整整涨了16.4倍。当天，坚持做空GME的对冲基金Melvin Capital沽空仓位平仓，基金1月总亏损53%。香橼研究也宣布自己已经放弃做空，总亏损100%。散户们守住了自己的阵地。当晚，查马斯接受CNBC（美国消费者新闻与商业频道）主持人斯科特·韦普纳的连线采访。韦普纳指责散户脱离基本面，短线投机，抱团炒作，引起资产泡沫。查马斯则称WSB论坛里的很多人研究水平和对冲基金经理相当。而说到"炒作"，查马斯犀利地反唇相讥说，华尔街惯于过度甚至违法做空，量化基金们更是从来不看什么基本面，也没有受到过任何指责，华尔街是2008年次贷危机的罪魁祸首，却没有受到足够的惩罚——这场直播吸引了全世界无数人的关注，查马斯代表散户对华尔街甚至现行金融秩

---

[1] YOLO 是 "you only live once" 的缩写，意思是只活一次，放手一搏。
[2] stonk 是 stock 的谐音梗，意思是看错方向、做错决策，经常用来表示自嘲以及应该反向操作。

序的拷问，让很多人大呼过瘾。

1月28日，事情的高潮来了。空头们开始发动舆论攻势：首先是美国老牌社交媒体Reddit论坛的服务器提供商Discord以"渲染暴力"为由，移除了Reddit服务器；接着，美国股票交易平台Robinhood（罗宾汉）干脆直接限制交易，GME只能卖出，不能买进，甚至连股票代码都搜索不了。更有趣的是，谷歌因为是Robinhood的风投，在其应用商店中删除了至少10万条关于Robinhood的负面评论。这场风波迅速成为全美最热的社会话题，占据了美国各大媒体的头版。"打不过拔网线"——华尔街毫无遮掩、毫无技术含量的举动让全世界哗然，说好的自由市场呢？说好的"中小投资者保护"呢？愤怒的散户们大量涌入谷歌应用商店给Robinhood打差评，当日GME股价摸高483美元后暴跌至193.6美元收市，跌幅达44%。机构们的吃相太难看，连美国政客都坐不住了，民主党议员、共和党议员，甚至特朗普的长子小唐纳德·特朗普都发声表示支持个人投资者。1月29日，Discord逐渐恢复了服务器，券商大多放开交易限制，香橼研究发公告称将终止做空研究。2月4日，耶伦召集美国金融监管机构讨论近期金融市场的波动，首次公开回应GME风波，表态要保护散户投资者。至此，GME事件算是告一段落。

但GME现象并没有过去。WSB论坛里仍然躁动不安。WSB是Reddit的一个分论坛，类似于中国的股吧和贴吧。和大多数社交媒体的用户画像一样，Reddit和WSB的用户多是Y世代,还处于财富积累的早期阶段,生活高度线上化,对圈子文化认同度很高。比如说,WSB的用户大多会使用号称"零佣金,零门槛"的在线交易系统Robinhood,他们痴迷于"相互模仿,符号共通的"Meme文化——YOLO、Stonk这些"圈内术语"就像是他们的"达·芬奇密码"一样,能一呼百应,进行病毒式传播,形成强大的行动力。做多GME算是牛刀小试,之后散户们继续转战各种可以加高杠杆的资产:从个股AMC、黑莓,到大宗商品白银、锡,都出现了暴涨暴跌的现象。

不过股票、大宗商品这些"传统主流资产"都不算主战场,数字加密货币才是Meme大本营。

1月28日,WSB的意见领袖——网名WSB Chairman的用户连续发推特喊单[1]加密数字货币,马斯克也发了一张狗狗的杂志封面照片,之后不到两天时间,狗狗币涨幅超过500%。2月4日,马斯克接连发推特力挺狗狗币:"不需要成为富翁就能拥有狗狗币。""狗狗币是人民的加密货币。"文字下面配着一张狮身的马斯克托举小狗的照片,狗狗币应声上涨差不多42%。4月份,同样的场景再现:4月1日愚人节,马斯克声称要用SpaceX火箭将狗狗币送上月球,当天狗狗币上涨15.7%。4月15日,马斯克再次发文,配上西班牙艺术家胡安·米罗的知名画作《犬吠月》。4月16日,狗狗币从18.16美分/枚攀至45.00美分/枚,涨幅达148%。

---

[1] 喊单指发布自己的交易详情。

假设有一个人在2021年1月1日投1万美元在狗狗币上,那么到5月8日狗狗币最高点0.74美元/枚时,这1万美元会变成157.4万美元,如果加个两三倍杠杆,那就是四五百万美元——这个暴富的速度和力度,吊打任何一部玛丽苏剧本。但问题在于,狗狗币从来不是一项正经"资产"。2013年,Adobe公司的产品经理杰克逊·帕尔默和IBM的软件工程师比利·马库斯由于厌恶IT圈里疯狂搞ICO[1]白皮书的炒作行为,花3小时做了个无限发行的"货币"——狗狗币,想嘲讽一下市面上那些漏洞百出、不堪一击的"数字加密货币"并不存在内在价值。他们俩在2015年就清空了自己手里的币,帕尔默还苦口婆心地说:"狗狗币的价值是市场狂热的结果。"2021年2月,当狗狗币再次被马斯克几条推特炒热的时候,马库斯又回到Reddit论坛上,以创始人的身份劝大家冷静,并表示自己对狗狗币的狂涨感到"失望"。

但是面对100天150倍的收益,谁在乎是狗狗、乌龟,还是狐狸呢?YOLO,人生只有一次,不如梭哈[2]。

类似的场景也不时在比特币(bitcoin)上出现。1月29日,马斯克将自己推特主页的个人简介变更为"bitcoin"。和往常一样,马斯克的站台引来了比特币价格的快速提升,一小时上涨6000美元,突破3.8万美元/枚,散户交易量上升超过1100%。而在此之前,比特币已经在当月接连突破了3万美元、4万美元

---

[1] 区块链行业术语,指为加密数字货币/区块链项目融资。
[2] 指将全部资产作为赌注,孤注一掷的行为。

的历史新高，摩根大通研报开始出现"比特币的长期目标价格是14.6万美元，而且将成为黄金的替代品"的观点。2月16日，比特币价格再次突破"历史新高"，达到5万美元/枚。同时，数字货币的总市值接近1.5万亿美元，接近全球黄金市值的13%。

一周后的2月22日，美国财政部部长耶伦罕见地公开表示对比特币的质疑。说话向来四平八稳的耶伦此番用词极其犀利：比特币是"高度投机性资产，非常不稳定"，"用途通常是非法融资"，是"低效的交易方式，处理这些交易所消耗的能量是惊人的"。耶伦的点评绝不是空穴来风，比特币充当洗钱工具，被用于各种灰色交易，已经不是秘密；其价格波动是纳斯达克指数的66倍，而且能耗超乎想象。

有意思的是，当天比尔·盖茨也表达了对比特币的顾虑，除了指出挖矿的巨大能耗外，他提醒那些跟着马斯克起舞的投资者："埃隆（指埃隆·马斯克）有很多钱，他非常老练，所以我不担心他，如果你没有埃隆那么多的钱，还是小心点吧。"

隔了两天，查理·芒格也在公开场合表示，比特币波动性太大，无法成为全球性的交易媒介，建议投资者不要买。

耶伦、比尔·盖茨、查理·芒格，这几位都是通常语境下的"顶层精英"。在政治、科技、金融领域，他们的一言一行几乎是现行秩序的模板和方向标，而2021年，这个秩序出现了一些失控的迹象：疫情后的货币大放水助长了通胀和资产泡沫，美元地位多少受到损害；数字化进程加速，以马斯克为代表的

"互联网新贵"在寻找人类新殖民地,想要建立一套新秩序;坚定只下注数字赛道的"木头姐"凯瑟琳·伍德[1]因为在比特币和其他资产上的不俗业绩,被尊称为牛市女皇,是华尔街近年最受追捧的人物。

3月2日,木头姐犀利回应耶伦的质疑,认为耶伦"不懂加密货币,这不在她的理解范围内"。同为加密货币领袖人物的马斯克也在当月表示"可以用比特币购买特斯拉"。之后比特币价格在短暂回调后又继续上行。

3月11日,拜登签署了1.9万亿美元的经济救助计划,其中4000亿美元将直接用来发给居民,很多美国人将收到1400美元的支票。瑞穗证券的调查报告显示,家庭年收入在15万美元以下的235个受访者中,61%的人表示,如果投资,他们将会选择比特币,而不是股票。美国人民不关心能耗、洗钱、非法交易,他们关心的是从2020年至今,1美元已经变成了8.55美元——不需要高深的知识,不需要华尔街"做作"的分析,不需要美联储的长篇大论,只要打开手机,屏幕上动动手指,跟着马斯克、木头姐、维塔利克·布特林、赵长鹏、杰克·多西(推特CEO)的火箭图标[2]和钻石图标[3],新世界的门就打开了。

---

1 凯瑟琳·伍德是方舟投资(ARK Invest)创始人,被誉为"女版巴菲特"。方舟投资是2020年美国市场上最风光的投资公司之一,2020年旗下产品净值暴涨170%。凯瑟琳·伍德看多比特币至50万美元,至今是加密货币坚定的支持者,旗下ARK产品从2017年开始持有灰度比特币信托(GBTC)。

2 表示意料不到的爆炸式增长。

3 表示坚定持有某种资产。

4月2日，比特币价格再次突破历史新高，达到6万美元/枚。"炒币"越来越成为一种社交语言，在存量博弈中失落或失望的人越来越多地会聚起来，去寻找新的领袖、新的叙事、新的信仰和新的认同。

至于新世界是不是真的存在，谁知道呢？毕竟，"那些昙花一现的灿烂，是爆炸的烟火，那一团耀眼的火焰，在燃烧着你和我……"[1]

1　新裤子乐队《生活因你而火热》。

第三章

乍暖还寒时候,最难将息

那时雨季刚过,云从四面八方升起来。天顶上闪过一缕缕阳光。我们有各种选择,可以到各方向去。所以我在路口上站了很久。

——王小波《黄金时代》

沉默是金:黄峥裸退

2021年3月中,一个远房表姐忽然没头没脑地给我发了一条微信。

"涯妹子,拼多多还用得不?"

末了,还加了两个"流泪"的图标。

我愣了一下才反应过来,她是在担心拼多多创始人黄峥"裸辞"的事情,于是回了一个笑脸:"冇得事,用得。"

表姐不放心,又追问我:"哦解这杂老板年纪轻轻的要退休?出么子事啵?"[1]

---

[1] 长沙方言,意为"为什么这个老板年纪轻轻的要退休?是不是出了什么事情"。

我忍不住笑了，出生于1980年的黄峥出什么事了呢？

要说也有，比如2021年初刚以4500亿元的身家超过出生于1971年的马化腾和出生于1964年的马云，成为中国富豪榜上的第二名[1]；比如自己一手缔造的拼多多正如日中天，活跃买家数达到7.884亿，超过阿里巴巴，成为中国用户规模最大的电商平台——我表姐住在湖南一个三线小城，刚从单位内退下来，是拼多多的忠实用户，动不动就甩给我一个"砍一刀"的链接，据说这是她们广场舞队员之间最爱的活动之一。

想了想，我给表姐回复："冇出么子事，就是太有钱，太红了，你放心用拼多多。"

和他张扬恣意的前辈不同，黄峥的存在感一直很低。这不是他一个人的特征，同为"80后"的互联网巨头们，张一鸣（字节跳动，1983年）、宿华（快手，1982年），甚至是"泛80后"的王兴（美团，1979年），都是存在感很低的人，企业名气远远比个人名气大。对于用户来说，产品和创始人之间不存在强绑定。而且，他们也不热衷于社交媒体和曝光，除了王兴半自娱自乐地玩饭否[2]，其余的人很少在公开场合金句迭出地"布道传经"。相反，第一代、第二代"60—70后"的互联网大佬们，更具有"教父"情节，也更具有表演型人格，企业往往带有很

---

[1] 此处采用《2021胡润全球富豪榜》，数据截至2021年1月15日。
[2] 2021年9月24日，网友发现，王兴将自己的多条饭否动态删得干干净净，仿佛从来没有存在过。

强的个人IP烙印，比如张朝阳与搜狐、马云与阿里、雷军与小米、刘强东与京东，你很难将两者分离来看待。

按照现在流行的世代划分法，X世代（1966—1980年出生）、Y世代（1981—1995年出生），以及Z世代（1996—2010年出生），中国互联网行业就是X、Y两个世代的势力版图。在讨论世代转换的商业话题中，我们往往将注意力放在消费娱乐产品的层面，很少有人关注世代"主流价值体系"之间的不同。中国在这个方面的差异更加显著：

X世代的价值体系中有明显的20世纪80年代的痕迹和烙印，集体主义、理想主义、家国情怀构成了他们的底色，他们对世界充满了改造的热情。

Y世代的价值体系则更加多元，具象的集体主义被抽象的国家主义所取代，改革的理想主义逐渐转变为改良的现实主义，在行为准则上则更倾向于个体视角。

从企业家的角度来说，X世代盛产"领袖"，而Y世代更接近"领导"。[1]

黄峥是典型的"80后"模式。2021年3月17日，拼多多公布财报，显示2020年第四季度公司营收同比上涨146%。当天黄峥发表2021年度致股东信，宣布将董事长职位交给现任CEO陈

---

[1] 这里需要说明两点：第一，地域特征也会影响到世代特征，比如潮汕文化中的务实传统就会降低理想主义的比重。这是另一个宏大的命题，我们会在后文中展开阐述。第二，Z世代刚登上消费的历史舞台，还没有到改变"主流价值观"的时候，我们也会静待其变。

磊[1]，放弃1∶10的超级投票权[2]，彻底淡出拼多多的管理层，专心做一些更长远的思考，"去摸一摸十年后路上的石头"。对于拼多多的未来，黄峥强调了"公众机构"这个词，为此他将2018年拼多多上市时的股东信摘抄了出来："我们希望拼多多是一个公众机构，它为最广大的用户创造价值而存在。它不应该是彰显个人能力的工具，也不应该有过多的个人色彩。"

在组织架构上，拼多多似乎也一直有着"去个人色彩"的传统，内部管理层向来低调而稳定。和阿里的"江湖气"、京东的"兄弟情"不一样，工科男黄峥对于"流水线"的秩序美有高度认同感，拼多多的企业文化强调"本分"，各司其职，上令下行，严丝合缝，形成标准化的高效运行。

黄峥的离开没有引起太久的媒体热度，市场跌了一波后一切如旧。毕竟，连我表姐这样的死忠粉也不能准确地叫出"黄峥"的名字。黄峥退位后，5月20日，张一鸣宣布卸任字节跳动CEO一职，由联合创始人梁汝波接任，交接工作将在2021年底完成。

2021年3月2日和4月6日，胡润富豪榜单和福布斯富豪榜

---

1 陈磊跟黄峥是美国威斯康星大学麦迪逊分校的校友。2007年黄峥创立欧酷网时，陈磊就担任研发架构工程师。2010年，新游地公司（拼多多主体上海寻梦游戏的前身）成立，CTO就是陈磊，这个职位也自然延续到拼多多。作为CTO，陈磊最大的功绩是主导建设了拼多多的核心技术——分布式人工智能体系。这个体系能够把商品更准确地推送给用户，和阿里巴巴、腾讯的硬技术不是一个概念。
2 2018年拼多多上市时，黄峥为了牢牢地掌握拼多多的控制权，采用了AB股结构，A类股票投票权为1∶1，B类股票投票权为1∶10，黄峥是唯一的B股持有者。

单先后公布。和前些年万众瞩目的情绪有些不同，这两年吃瓜群众对"富豪排名"多少有点审美疲劳，毕竟十多年了，趋势从来都没例外过。

比如，**亚太尤其是中国地区的超级富豪越来越多**。2021年中国10亿美元身家富豪的数量已经超过美国，跃居全球第一。北京、上海、深圳、杭州、广州都是富豪云集之地。

比如，**富人越来越富，全世界都一样**。在全球新冠肺炎疫情肆虐、失业随处可见的2021年，全球增加了493名身家超过10亿美元的亿万富豪，2755名亿万富豪的财富总额高达13.1万亿美元，高于2020年的8万亿美元，同比增幅高达63.75%。中国"新财富500富人榜"的总财富从10万亿元跃升为17万亿元，同比上涨70%。富豪中的三六九等也越来越明显，排名在前20%的富豪比后80%的富豪掌握的财富要多得多。

再比如，"长大了要当富豪"的门槛越来越高，尤其中国的门槛涨速更是惊人。2003年，中国"新财富500富人榜"的上榜门槛为2亿元，到了2020年则飙升至63亿元。2个"小目标"成了63个"小目标"。谁也没有料到，2021年，在历经了疫情之后，这个门槛居然跳到了89亿元，同比上涨41.3%，而同一年统计的中国居民平均收入是32189元，同比增长只有2.1%。

富人越来越富，越富的人越容易更富，能"努力当富豪"的门槛已经高不可攀……这些越来越显而易见的事实在不经意间开始变成一种普遍的倦怠和疏离：**财富是你们的，也是我**

们的，但是归根结底是你们的。山那么高，我不攀了，还不行吗？

2021年中国富豪榜[1]也有变化：马云三年来首次跌出前三，任正非财富缩水3%，他们是中国少数几个财富缩水的富豪。除了这些个人命运的沉浮外，最引人注目的是两个新现象。

其一，加密货币和新能源新制造成为全球造富新势力。2021年，有12位加密货币亿万富翁入选福布斯富豪榜单，2020年则只有4位。身价最高的是FTX的创始人山姆·班克曼-弗莱德，他生于1992年3月，时年29岁，净资产87亿美元。其余的加密货币新贵也普遍年轻，其中"80后"占了近一半。

其二，自有记录以来，房地产企业家第一次跌出中国富豪榜前十名的榜单。2020年还位列前五的李嘉诚和许家印双双跌出前十。不仅如此，2021年5月4日，福布斯实时富豪榜显示，宁德时代董事局主席曾毓群以345亿美元的身家取代李嘉诚，成为新的香港首富。8月份开始，高杠杆支撑下的恒大全面暴雷，令中国房地产行业胆战心惊。

历史总是要回过头来看，才更加清晰。之后的几个月，当"躺平"开始在年轻人中传播，当教培、医药、互联网、房地产变故频发，当"90后"拼命吊着尾也要挤上币圈的车，当大佬们不再热爱组局，而是流行交班、造车的时候，我们才会发现，

---

[1] 此处采用《2021胡润全球富豪榜》，数据截至2021年1月15日。

原来世界演化的路径早已经露了迹象。

在这个时间节点上再看黄峥的选择，忽然感悟到一些古老的形而上的哲学意味，"夜风凛凛，独回望旧事前尘，是以往的我充满怒愤……受了教训，得了书经的指引，现已看得透不再自困……任你怎说安守我本分，始终相信沉默是金"[1]。

行到水穷处：房地产红线

尽管房地产大佬的名字跌出了中国富豪榜前十的榜单，但这丝毫不影响2020年疫情冲击下的全球大城市房价暴涨。纽约、柏林、伦敦、巴黎、首尔、新加坡、香港、孟买……都出现了房产热。[2] 中国也不例外，北上广深房价齐涨，其中深圳以14.1%的涨幅拔得头筹。著名学区百花片区的房子被炒到每平方米20万～30万元。可以说，大部分深圳年轻人不是在买房，就是在买房的路上。

同时，房价一直"温和"的广州坐不住了。从2020年6月开始，天河区、黄埔区的楼盘只要开出来就是秒光。2021年初，广州楼盘均价突破每平方米3万元，甚至有些小区的业主"抱团涨价"，开出每平方米15万～18万元的起步价。2021年春节

---

1 张国荣《沉默是金》。
2 2020年大城市房价暴涨的原因在《香帅财富报告：分化时代的财富选择》一书中有详细阐述。

"就地过年",广州最热闹的不是花市,而是楼市,连远离核心城区的增城区,楼盘都出现了每天成交三五套、到访三四十个客户的火热场景。3月15日,国家统计局公布2月份的商品住宅销售价格变动情况,广州新房价格涨了6.9%,二手房价格涨了9.8%。这一次轮到广州市委、市政府坐不住了。

早在2020年8月20日和12月31日,中国政府便出台了针对房地产企业融资的"三条红线"和针对个人房贷的"两条红线",相当于在融资和回款两个方面都给房地产企业套上"枷锁",同时也给银行套上了"紧箍"。[1]

3月17日,广州从房贷口入手,多家银行严查购房首付来源。从这里开始,揭开了全国各地2021年房地产调控花式收紧的序幕。

29岁的何方和新婚妻子都是贵州人,大学毕业就在广州工作。小两口刚买了一套总价500万元的二手房,首付是自己的积蓄加上双方父母各支援一点凑出来的,当医生的爷爷也拿出了10万元给大孙子。正等着银行放贷,来电话了,需要证明"我爸是我爸,我妈是我妈"——可是两个人的户口早就迁出了老家,而且何方出生在山里,几年后才随着父母迁徙出来,当年的出生证明很混乱,跟身份证上的出生年月对不上。父母跑了

---

1 "三条红线"指剔除预收款的资产负债率不得超过70%,净资产负债率不得大于100%,现金短债比不得小于1倍;"两条红线"指设置房地产贷款余额占比上限和个人住房贷款占比上限,大型银行、中型银行、小型银行、县域农合机构、村镇银行的两个比例分别是40%和32.5%、27.5%和20%、22.5%和17.5%、17.5%和12.5%、12.5%和7.5%。

一圈公安局、派出所、居委会，都没有解决。没办法，何方请假回贵州，父母陪着去老家，费了九牛二虎之力，总算办了个证明出来。这边心还没落回肚子里，问题又来了，岳父账上被查出有一笔数量不小的美容消费贷，被银行要求"结清以后再放贷"。家里人大惊失色，以为遭到了黑客攻击，岳母更是疑神疑鬼，一时家宅不安。查了半天，才发现是何方的妻弟为了帮助女朋友圆网红梦，偷了爸爸的证件贷款给女朋友做整容。几个月下来，何方瘦了一圈，人也蒙了，他没有想明白，为啥一部欢欢喜喜成家立业的正剧，愣生生被改写成了荒诞的刑侦剧。

何方这件事不是特例，在广州的众多房贷微信群里，每天都有无数个奇怪的问题，比如"卖比特币的钱怎么证明？别人直接转账的，我不认识"，下面有人回复"这算非法收入，还是别拿出来了"。还有，"我妈是做小生意的，都是现金啊，银行卡流水基本为零，怎么办？""我的理财产品开不出资产证明，怎么办？"……

"严查购房首付来源"，这也算是中国房地产调控手段中又一个创新之举。紧接着，利率上调，额度收紧，放款周期延长，各种手段一一亮相，到七八月份的时候，对个人按揭贷款，广州多家银行都处于停贷的状态，房贷利率更进入"6"时代。

时代的一粒灰尘，落在个人头上就是一座山。意在控制房价上涨的政策，让买刚需小户型房产的小白领每个月要多付

1000~2000元。[1]

在收紧按揭额度的同时,各地都开始越来越严格地执行房地产行业融资的"三条红线"。不踩线、踩一条线、踩两条线的房地产企业,其负债规模增幅上限分别是15%、10%、5%。如果像恒大那样三线全踩,就不允许再贷款。融资这头断了线,房贷那头也断了线,很多房地产企业的现金流一下子变得非常紧张,这也为下半年房地产行业的"悲秋"埋下了伏笔。

4月,深圳在控制房价收效甚微的情况下,收到对"深房理"[2]的举报:一起涉及119人、10.64亿元巨额资金的非法集资炒房骗贷事件浮上水面。这件事说起来并不复杂,眼看深圳楼市一涨再涨,"深房理"采取类似于"股权众筹"的模式,大家集资首付,中间自然少不了各种证明、手续和资质的造假,以及套取贷款等各种违法违规行为。收到举报后,深圳的态度是,迅速由司法、金融监管部门组成联合调查组,以"涉嫌非法集资"为由开始调查。这个动作传递出强信号:调控房价是没有讨价还价余地的"铁腕",是最大的政治之一。

一向对各种"市场行为"比较宽容的深圳也对房价摆出了

---

[1] 在等额本息还款方式下,如果首套房贷款200万元,期限30年,月供将从2021年初的10553.84元涨至年末的11798.82元,每月多还1244.98元;如果是二套房,月供将从年初的11044.07元涨至年末的12055.38元,每月多还1011.31元。

[2] "深房理"原为新浪微博"大V",本名李雪峰,自称房产专家,深房理信息技术(深圳)有限公司创始人,曾获得"微博2019V+价值榜年度大V"等荣誉称号。其微博账号关注量达146万,会员逾3000人。"深房理"通过公开宣扬"上班无用论""人人皆可买房,直到财务自由"等来吸引、吸纳会员,向会员承诺房产升值收益,重点炒作深圳市部分热点楼盘。

钢铁意志，各大城市更开始了一轮比拼"调控决心"的举措：比如"配货制"，住宅开发用地要和商业住宅用地1∶1搭配；比如"限签"，价格高的房子不准网签，要搭配价格低的安置房、回迁房。

国家政策的几管齐下，让2020年过了一年舒心日子的房地产业又陷入了困境。

4月30日，中共中央政治局会议召开，再次强调"房住不炒"，更罕见地点名"学区房"，要求各地防止以学区房等名义炒作房价。

5月11日，财政部官网发布消息，称财政部、全国人大常委会预算工委、住房和城乡建设部、税务总局等几个核心部委齐聚开会，讨论"房地产税改革试点工作"，这意味着房地产税的推进有了时间表。当天，市盈率已经几乎低到地板的地产股再次下跌。

看上去房地产行业已经行到了水穷之处，无路可退。可是啊，在抱怨春寒的时候，夏季的雨、秋天的风可能还会更加凛冽。

暗流涌动：H&M、新疆棉与国潮崛起

三四月向来是"料峭春风吹酒醒"的时候。越来越多的迹象表明，2021年一二月的暖冬只不过是一场虚幻的梦境而已。暗流已经在海底涌动，时时要浮出水面。

2021年3月24日,微博上突然爆出一件"陈年旧事"——热心网友扒出瑞典快消时装品牌H&M在2020年10月发过一个"停用新疆棉"的声明。共青团中央转发了网友愤怒的微博,并配了个"一边造谣抵制新疆棉花,一边又想在中国赚钱,痴心妄想!"的评论。

随后继续爆出,差不多就在H&M发停用声明的同一时间,良好棉花发展协会(BCI)[1]也发了一个英文声明,宣称新疆地区存在强迫劳动和其他侵犯人权的现象,这不符合该组织的行为标准,于是决定"立即停止在该地区的所有实地活动"。

全网立马沸腾。"新疆棉花"迅速成为各大社交平台的热搜,网上掀起了支持新疆棉花的浪潮:黄轩、宋茜宣布与H&M终止合作;佟丽娅发文"我爱我的家乡!",并转发了一组新疆棉花的图片;安踏、海澜之家、鸿星尔克等国产品牌纷纷表示力挺新疆棉;匹克体育CEO晒出采购新疆棉的发票;安踏宣布正启动相关程序退出BCI。

这事儿讲起来可大可小,但多少有点儿古怪。虽然国际机构在新疆、西藏问题上做文章的事并不少见,但是2018年9月,BCI上海代表处还在微信公众号上赞许新疆是"BCI良好棉花项目的集中地",怎么短短一年,世界就变了样呢?

这是因为,2020年,疫情导致大量纺织品订单回流中

---

[1] BCI是一个棉花行业国际协会,全球有1953家会员单位(截至2020年5月初数据),H&M也是BCI的成员之一。

国。美国作为全球第三大棉花生产国和第一大棉花出口国，其南部选区的选票和棉花经济有着密切关系，美国国际开发署（USAID）则是BCI的重要金主之一。5月，中国从纺织原料到服装的订单同比增幅超过100%。7月，美国农业部就成立了"美国棉花信任协议"组织，要求所有美资企业必须使用美版"认证系统"及"供应链追溯系统"，以主导棉纺业国际规则和秩序。同时，美国政府发布声明，提醒在新疆做生意的公司以及与使用新疆劳工的公司有往来的公司都可能会在名誉、经济与法律上面临一定程度的风险，并向沃尔玛、苹果和亚马逊等公司致信警告。9月，美国国会众议院表决通过"禁止进口中国新疆商品"。同时，美国政府给阿迪达斯、耐克、ZARA等服装品牌施压，要求"服装品牌与零售商一定要采取足够的对策与跟新疆有联结的中国供应商终止合作关系"。而新疆是我国棉花主要产地，产量占全国棉花总产量的87%。[1]

再看H&M这个瑞典品牌，也是个比较微妙的存在。它规模并不特别大，但属于快消时尚领域，旗舰店大多开在上海的淮海路、南京路，北京的三里屯、西单这样的城市地标位置。2007年，中国内地首家H&M门店在上海淮海路开业，还曾引起过年轻人的排队高潮，比较具有认知度。

回到这次的"H&M新疆棉"事件，到3月24日晚上，淘

---

[1] 2020年数据。

宝、拼多多、唯品会等电商平台上，高德、百度等地图App里，小米、华为、VIVO等手机的应用商店中，"H&M"和"HM"的相关搜索和消息都消失了。

3月25日，安踏体育在港股市场上大涨8.4%，而耐克的主要供应商和合作经销商都暴跌。

古人说，治大国若烹小鲜，还真是如此啊。大国博弈不一定是兵戎相见，规则、民意和舆论高地才是更广阔的竞技场。

"H&M新疆棉"事件彻底点燃了2018年以来日趋明显的"国潮"消费。李宁和安踏的限量版球鞋价格直线上升。李宁一款标注"只用新疆棉"的服装遭到网友疯狂抢购，多系列单品都出现耐克、阿迪达斯曾经那种一货难求的局面。在时装市场上获得如此待遇，放在几年前，是国产品牌做梦都不敢想的。

但是回头看，这并不是孤立事件。"潮"一词是日本人对英语"trend"（趋势）的翻译。"潮人"指那些走在潮流尖端，对新锐品牌、设计以及事物非常敏感的人群。后来这个词含义日渐拓展，变成一个和"时尚"并驱的词语，而且还去掉了一些"时尚"特有的旧精英气，变得更街头、更年轻、更自由。这些年，即使是超奢品牌如路易威登（Louis Vuitton）也在不断"潮"化，比如和代表街头文化的品牌合作，启用黑人设计师，推出NBA联名款，等等。换句话说，"潮"代表着当下年轻人的文化倾向、生活态度，甚至思想观念。中国内地的"潮人"，从20世纪八九十年代的港风，到2000年前后开始盛行的日漫风、欧美风和韩流，经历了很多波潮流，但一直都是追随者的角色。"国产"曾经是实惠、土气的代名词，和"潮"恰好形成对比。

但经过这么多年的代工，工业品，尤其是轻工业，中国制造的水平已经进入了一个新阶段。品牌塑造的爆发只等一些触发的节点。首先是2010年前后，韩都衣舍等淘品牌和一批初代网红的出现，然后是小红书、抖音等社交媒体电商的崛起，彻底重构了消费品的营销渠道，为国产"品牌"的形成打下了基础。

最重要的观念转变发生在Z世代登上消费舞台之后：这代人成长在中国高速崛起的时间段，从小地球是"平"的，国外品牌只是生活的一个部分，不存在仰视的问题，完全可以被替代；相反，强烈的民族和国家认同感，以及年轻人特立独行的欲望，让处于"小众、边缘"的中国元素成了一种"潮"符号。抖音的"国风神曲""汉服妹妹"变成了一种年轻人的社交语言。李子柒的大火出圈，茶颜悦色的"国风潮饮"，故宫的各种文创产品，《诗词大会》《国家宝藏》等节目的热播，《哪吒》《姜子牙》等中国IP电影的爆火，标志着越"中国"越"潮"正在成为这代人的一种价值观。

2018年，中国李宁以"悟道"为主题登陆纽约时装周，以中国字、中国色（赭黄和正红）为基调，配以欧美大行其道的街头风设计，懒散、华丽而神秘，当场艳惊四座。纽约大秀落幕当天，"李宁"的微信指数暴涨700%；为整个时装周准备的

200多款服装，两天内就在官网销售一空，而且订单像雪片般飞来——这一刻，被称为"国潮"的BIG BANG（大爆炸）。之后，国潮正式进入中国社会主流审美体系。

中国人这个族群有个很强的特性——非常能"共患难"，在面对外部压力的时候，往往是愈挫愈韧，愈挫愈勇。2019年中美贸易摩擦进入白热化阶段，华为被打压，芯片等高端科技上的短板被"卡脖子"，整个国家出现民族主义情绪的反弹。2020年中国雷霆万钧的疫情控制，快速的经济恢复，让这种情绪更有了承载，"国潮"被赋予更多的民族情结。2021年前四个月，中国品牌在百度热搜品牌总数中占75%，而五年前，这一比例仅为45%。

从H&M到李宁，这不仅仅是一个品牌的转变，背后折射出的现实和未来是，"民族"和"民生"正在成为潮水的方向。

潮生潮涌，有人随浪沉浮，有人逐浪而上，也有人被浪卷没，不留痕迹。

3月6日，习近平总书记参加全国政协十三届四次会议的医药卫生界和教育界联组会，强调要加大医保改革的力度。"集采（集体采购）"这一词再次成为焦点。集采之前，一个心脏支架的价格近2万元，集采之后直降至600元左右，下降幅度高达97%。患者和医保基金的负担双双减轻，但利润几乎归零的医疗企业则面临何去何从的选择。

4月10日，阿里"二选一"垄断案落下帷幕：阿里接到了一张182.28亿元的天价罚单，创下了中国行政罚款的新纪录。阿里巴巴集团表示"诚恳接受，坚决服从"。4月12日，央行牵头，多家金融监管机构再次约谈蚂蚁集团。

4月13日，国家市场监管总局会同中共中央网络安全和信息化委员会办公室（简称"中央网信办"）、国家税务总局联合召开互联网平台企业行政指导会，明确提出互联网平台企业要"知敬畏守规矩"，充分认识到"阿里案"的警示作用，要求各平台企业在一个月内全面自检自查，逐项彻底整改。

4月14日，阿里巴巴集团发布公告称，蚂蚁集团将整体申设金融控股公司，将借呗、花呗纳入消费金融公司，全面接受监管。从此，在科技和金融的灰色地带横刀立马、开疆拓土的年代一去不返，成为挂在墙上的历史。

王小波说："那时雨季刚过，云从四面八方升起来。天顶上闪过一缕缕阳光。我们有各种选择，可以到各方向去。所以我在路口上站了很久。"

人间四月，阴晴不定的春天将要过去。我们，也不必站在路口了。

第四章

一切都在变化中

要么永远不踏出那一步。要么就是现在。

——[英]克莱儿·麦克福尔《摆渡人》

开到荼蘼："五一"消费大热、"七人普"数据

"涨，你给我涨，不要磨叽！"

"什么车型都涨？"

"全涨，双倍！"

这不是电影台词，是2021年"五一"假期前一家高端车租赁公司里老板和销售的真实对话。当时离长假还有10天时间，"五一"的订单占比已经超过一半。市场部兴奋地来报喜，结果被劈头盖脸地骂了一顿。老板要求热点城市所有车型全线涨价——

从清明小长假开始，全中国的消费市场都出现了久违的火热状态：出行人数和旅游收入创下疫情以来的新高，旅游、餐饮、酒店住宿、鲜花、食品、鞋服等相关商品销售额同比增幅高达34.54%，电影票房纷纷迎来小高潮。

这个热潮一直持续到了"五一"假期前夕：提前10天，热门城市和景点的航班、高铁、酒店都呈现"爆满"的趋势。租车公司也不例外。尽管市场部的KPI（关键绩效指标）和出租率密切相关，不愿意贸然提价，但这家公司的老板坚持认为，在这种市场情绪下，越是高端消费，人们的价格敏感度越低，于是要求全线立即大幅涨价。一个小时后，这家公司的App上，从奔驰E级到沃尔沃S60，所有车型的租赁价格都上浮了40%～70%。一辆租金原为600元/天的宝马5系，"五一"期间涨到了1300元/天。7天后，数据出来了，果然如老板所料，这家公司"五一"假期汽车出租率接近100%，基本没有受到提价的影响。

这种"土豪"场景在2021年4—5月的中国市场上并不鲜见。4月2日，深圳文和友开业，超过5万人排队，队伍蜿蜒数公里，刷新了行业纪录；为了喝上一杯长沙的茶颜悦色奶茶，豪掷千儿八百跨省高铁代购的不乏其人……诸如此类的"消费"场景确实让人恍惚，中国的"报复性消费"似乎终于来了。

再看看一季度的经济数据，更会觉得一切理所当然：GDP增长率高达18.3%（即使考虑2020年的基数效应，仍然在11%以上）；企业利润回暖，规模以上企业利润总额同比增加1.37倍；出口同比增长38.7%；人民币兑美元汇率坚挺在6.6以下；社融增速显示信贷需求不弱，通胀压力不大，银行理财的市场规模同比增长7.02%……

我们常说鱼的记忆短暂,但其实人类对痛苦的记忆也是比较短暂的,刚从疫情的泥坑里爬出来,就做起了"新周期"到来的美梦。很少有人关注到,数据的细节就像春末的花事一样,早已开到荼蘼:1—2月中国的工业增加值数据看着强,其实是受到了季节性效应的影响,3月、4月数据已经呈现颓势;从社会零售总额数据来看,整体消费的恢复并不如人意;作为一个经济领先指标,社融增速从2020年四季度就已经出现了快速下行的趋势,显示实际信贷需求在快速变冷;再加上从3月中旬开始的房地产严调控,房地产投资需求必然面临下滑,经济"前高后低"走势是大概率事件,只等一个让所有隐喻成为明示的拐点。

"五一"刚过,第七次全国人口普查(简称"七人普")主要数据结果的新闻发布会来了。这是一场被无数人关注的发布会,各级主政者、房地产从业者、购房人、各行各业不同规模的商户、大企业战略部、小企业老板……都紧盯着这场发布会,希望能从人口结构、人口分布的细微信息中找到未来的趋势和政策的方向。

5月11日早上,新闻发布会召开,国家统计局局长宁吉喆等公布和介绍了七人普的主要数据情况。和国际经验基本一致,随着经济水平的上升和城市化率的提高,人口寿命延长,教育程度提高,生育意愿下降,人口集聚程度提高:中国人口总量超过了14亿,但和10年前的第六次全国人口普查(简称"六人普"）相比，人口年平均增长率从0.57%下降到0.53%；生育率维持在1.3[1]的水平；65岁及以上人口的比重达到13.5%，离"中度老龄化社会"[2]14%的标准只有一步之遥[3]。当然，好消息也有，女性人口比例上升，性别结构得到持续改善；受教育状况持续改善，人口素质不断提高；人口流动更为活跃，人口向经济发达区域、城市群进一步聚集。

七人普数据中最惹人关注的是生育率。公布1.3的生育率，相当于官宣了中国人口增速"断崖式"下降的趋势。简单说一下这个数字意味着什么：一般来说，生育率要在2.1左右才能维持人口更替的平衡。中国1.3的生育率，比这个数字要低差不多40%，这意味着中国的人口会在一段时间后出现快速萎缩。即使老龄化能抵消一小部分人口萎缩的规模，但同时也会加大社会抚养比，产生新的社会问题。此外，历史经验也告诉我们，促进生育率的政策，除非力度极大，一般都作用甚微，生育率回升是个"慢变量"。

跟人口生育率紧密相连的，则是老龄化和社会抚养问题。其一，如果没有生育率上的大转弯，未来一对独生子女夫妻可

---

[1] 这一数据不仅远低于同为全球人口大国的印度（2.2），也远低于发达国家中的美国（1.7）、英国（1.6），和东亚国家中的新加坡（1.1）、日本（1.4）相近。

[2] 根据联合国的划分标准，当一国60岁及以上人口比例超过10%或者65岁及以上人口比例超过7%，则该国进入"老龄化"社会；当这两个指标翻番（即60岁及以上人口比例超过20%或65岁及以上人口比例超过14%）的时候，则该国进入"老龄"社会，也可以说是"中度老龄化"社会。

[3] 日本是全球老龄化最严重的国家。根据世界银行2020年数据，日本65岁及以上人口占比高达28.4%，美国为16.63%，澳大利亚为16.21%。

能面临上有4~12个老人需要照顾的场景，这会让生育率陷入一个负向的螺旋。其二，从国家的长期发展来看，随着人口老龄化的趋势越来越明显，劳动力市场是否会出现短缺？是否会出现日本那样消费低迷、经济增速乏力的情形？我们目前的人均GDP大约是日本的1/4~1/3，未富就先老，是中国的巨大心病。其三，从中短期的现实问题来看，老龄化会导致社保和医保基金的赤字越来越大，而这牵涉到最广大人民的根本利益，如果不能妥善解决，将会成为影响社会持续稳定发展的因素。

实际上，之前围绕着六人普公布的1.81的生育率，学术界和政策界曾有过多年激烈的争论，不少"利益相关人士"质疑这个数字的"可靠性"和"持续性"。这导致了后来二胎政策上的小心谨慎以及配套人口政策的姗姗来迟。在这个时间节点上，大张旗鼓地官宣1.3的生育率，意味着中国的人口政策及其配套政策会有重大变化，而且将是长期变化。果然，两个月之后，各种政策及配套支持措施就开始接踵而至，"三孩政策""教培行业整顿""教育改革"陆续落地，之后国家在退休年龄、养老金、税制，甚至婚姻、医疗等方面一定还会有更多配套政策推出。

一不小心，历史就在这里转了个身。

不知道有多少人还记得，2014年1月9日，当时的无锡市滨湖区人口计生局认定，张艺谋夫妇非婚生育三个子女，依法征收计划外生育费及社会抚养费共计人民币748万元。7年多过去，计划生育部门变成了人口监测与家庭发展司，我不禁想起了中学时代的历史老师说过的一句话:"历史像个油粑粑,翻过来,覆过去,就煎熟了。"

谁会感到不安:"躺平""内卷"

七人普数据的出炉让各路婚恋博主、人生导师、财经专家、女权大号,甚至宠物博主都刷了一波存在感后,声响渐低。一组词语却像流行感冒一样,在社交媒体上弥漫开来。

对,"躺平"和"内卷"。

2021年毕业季,我之前的博士生,现在在北京一所"211"大学任教,到我家里来,默默递给我一张单子,上面简单列了一些她的学生们的"就业意向":37个人的本科班,36个打算考研,30个同时考公——考公热潮年年攀升,小朋友们自己算了算比例,也很绝望——有几个孩子是头悬梁、锥刺股地在准备考公,其中一个因为晚上12点睡觉而痛心疾首地找导师忏悔:"别人都凌晨两三点睡,我这样就被落下了。"问这个孩子为什么,说是因为绩点普通,考研和找工作没太大优势,要是今年失败了,明年就没有考公应届生名额了,只能再战考研或者找工作。

虽然之前对"内卷"有点儿心理准备,但我还是被这样的数据震了一下。再想起我另一个博士生的感叹,说自己当年(2012年)本科毕业的时候,成绩中游的同学大基金随便挑,到了2021年,一个成绩超优秀的博士师弟却被一家中不溜的基金嫌弃。我忽然觉得，"向内演化（involution）"（内卷）这个词语挺形象的。

不管企业还是国家，甚至个体都有生命周期。一般来说，开疆拓土是成长早期的状态，越往成熟期，状态越接近"稳态结构（steady state）"，也就是内部极度竞争达到的一种外部稳定的状态。在这个认知下再看中国"内卷"的高发之处："经济发达、人口稠密的省份""高考""重点高校"，以及"金融、教育、互联网"等行业，也就不会觉得那么诧异了。

最重要的原因就是大学生供给的爆发式增长，中高端劳动力市场竞争加剧。1994—2019年，普通高校本科招生人数从40.96万增长到431.29万，增加近10倍；硕士研究生招生人数从4.17万增长到72万，增加约16倍；博士研究生招生人数从不到1万增长到10.52万，增加近10倍——这些增加的供给大部分集中在金融、计算机行业，以及形形色色的相关行业（互联网、科技金融、电子商务等）。而中高端劳动力市场一方面需求增长跟不上供给增长，另一方面数字化进程快，马太效应更强，像银行柜员、普通出纳等基础岗位的需求不增反减。[1]

20世纪90年代，考上本科算是百里挑一，好比中了秀才，考上博士那就更是凤毛麟角，跟古时候的进士及第差不多。现在，一个本科生最多相当于古时候的童生，博士大概也就相当

---

[1] 参考香帅：《香帅财富报告：分化时代的财富选择》第二章，新星出版社2021年版。

于秀才——中高端劳动力供给呈现爆发式增长,产生"供需失衡",那些供给最充分的赛道,也自然而然会产生内部高度竞争的"内卷"。

中高端劳动力市场的"内卷"产生了更深远的影响。作为一个有强烈"望子成龙"意识的族群,中国家庭在下一代"阶层跃迁"上的投入是绝对远超自身经济实力的。随着普通文凭的贬值,"211""985""清北复交"这些稀缺资源的溢价也大幅上涨——清北文凭就跟爱马仕的铂金包一样,几乎没有价格弹性,至于实际价值是多少,并不重要。随之而来的就是重点中学、重点小学的疯狂溢价,学区房价格飙升。即使不考虑房价,教培行业的标准化、流水线化让"提分"效率越来越高,家庭教育的支出也水涨船高:2017年全国家庭教育平均支出为8143元[1],仅仅两年之后,这个数字已经上涨到12000~36000元。有近40%的家庭每年在子女教育上的支出占收入的2~3成[2]。

这样巨大的投入有什么效果呢?仍然是"向内演化":就好像剧场里第一排的人站起来,挡住了后排的视线,后面的人只能一排排站起来,从坐票变站票,大家都付出了成本,但效果没有提升。同样,教育成本的提高并没有带来社会流动性的加大,反而是带来了固化。另外,我还观察到一个后果,就是有

---

[1] 数据来自《2017年中国教育财政家庭调查》,全国家庭教育支出包括全国学前和中小学教育阶段。
[2] 数据来自前程无忧2019年发布的《2019国内家庭子女教育投入调查》。

了高度标准化的培训后，教育的区分度越来越低。一个班上的学生，100分的拿第1名，92分的就到了第20名甚至第30名。最后以状元、榜眼身份胜出的，反而是最适应标准化流程的孩子，失去了选优的效果。这个效应，在顶尖大学的商科这种"状元收集站"更明显。

当然，产生这样的问题不是教培行业，甚至不是教育行业本身的原因，而是时代变化的结果。所以教培行业的整顿能否扭转这个局面具有高度不确定性。甚至在某种程度上，政策执行上的矫枉过正可能导致教育资源供给下行太快，反而价格上涨伤害普通家庭。要真正破局，需要的可能是个更具系统性的工程。我不知道答案在哪里，但我很喜欢的生物学家王立铭教授关于"进化"的一段讨论给我了一点启示。

他说："和很多人直觉不同，新物种出现最旺盛的地方不是生机勃勃的热带雨林，而是荒漠、北极这些边缘地带。热带雨林高强度的竞争环境和环环相扣的生态系统扼杀了新物种的机会。"

换句话说，任何一个趋向成熟的系统，"内卷"或者说"向内演化"大概率是不可避免的。从个人角度而言，要么以更强悍的姿态"卷"出来，要么接受平凡，要么另辟蹊径去找"边缘地带"生长。如果你选择了最后一条路，那么从社会角度而言，可能需要创造一些条件，让"边缘地带"进入社会的视野。

和"内卷"呼应的则是"躺平"。2021年5月，社交媒体上突然刮起了一股"躺平"和"反躺平"的旋风。年轻人发着"葛优躺""佛系青年"的表情包，高呼着要"躺平"，而老同志们则痛心疾首、语重心长地劝告年轻人别好逸恶劳，要继续奋斗。一时间，我们这个崇尚二分法的社会里，"躺平"与否俨然成了世代、阶层断裂的密码。

说起来，这真是我们这个时代最具有解构主义色彩的一幕。

事情的起因特别简单。2021年4月，百度贴吧里一个佛系青年（网名为"好心的旅行家"）发了个帖子《躺平即正义》，说自己两年多没工作，每个月只花200元过着低欲望的生活，还文艺地将自己类比成古希腊著名的犬儒哲学家第欧根尼——这种又丧又佛的调子其实已经流行了好几年。大城市虽然机会多、成长快，但门槛高、节奏快、房价高，知识更新迭代快，行业波动也大。和经济高速增长期大家都在上行道，一个年轻人"只要努力就会成功"的背景不同，现在的年轻人面临着更不确定的未来，所以"葛优躺""佛系青年"的图片在网上风靡一时，包括"人间不值得"李诞[1]的走红，大抵是年轻人半吐槽半自嘲的情绪发泄。

2020—2021年，对很多出身普通的年轻人来说并不友

---

[1] 李诞在《奇葩说》中的原话是，"开心点朋友们，人间不值得，不值得大家这么不开心"。他自己对这句话的解释是，"人间不值得的意思并不是让你放弃，而是说，你做了该做的事情后，就不要太过执着，如果没有得到一个好结果的话，那就健康地活着"，与广大网友理解并广为追捧的"生无可恋"有所不同。

好——劳动性收入下降，尤其是中低层的劳动性收入下降，就业形势让人压抑，平台头部效应越来越强，小生意、小创业越来越难，而大城市房子这样的资产价格大涨，"长安居，大不易"。即使能过五关，斩六将，进入万人羡慕的金融业或者互联网大厂，也会面临"996"、"007"、末位淘汰、"35岁诅咒"的压力。负面情绪多了，总得找出口，"躺平即正义"恰好充当了这个角色。

接着，更黑色幽默的事情发生了：在2021年1月的一档视频节目中，一个大学生问央视主持人白岩松如何看待当代年轻人对自己个人的前途命运感到悲观这一现象。白岩松先是说自己年轻时不买房、包分配，说年轻人可以自由选择是幸运的，接着反问："难道我们现在指望的是房价很低，然后工作到处随便找，然后一点儿压力都没有，然后只要喜欢的女孩，跟她一追求就OK？不会吧？"

按照白岩松这代人的套路，如此铿锵华丽煽情的排比句必定会让年轻人羞愧地低下头颅，回到奋斗的征途上来。没想到好事者将这一节剪辑成一段1分33秒的视频放到了B站，对于苦哈哈找不到工作、买不起房的年轻人来说，"分房、包分配"这简直是凡尔赛本赛，白岩松瞬间被"打"成了"筛子"。接着各路官媒、清华教授都出来引导年轻人不要"躺平"，结果遭遇更大的反弹。2021年5月28日，微博大V"封面新闻"开展了一个"你如何看待躺平"的投票，一周内23.9万人参与投票，超过90%的人支持躺平，反对的人只有1.5万[1]。

直到现在很多人仍不明白，白岩松整段原话并不怎么扎心，为什么截取片段后会遭到这么大的诟病？

我仔细想了很久，觉得这就是一个世代话语体系颠覆和重建过程中的摩擦：年轻人对"躺平"的态度本身其实是平和的，甚至带点儿戏谑，就是借机吐个槽，表达一种对现实的不满意——这是标准的解构主义，任何一个文本的二元对立（比如黑和白、男与女、对与错）事实上都是流动与不可能完全分离的。何况"躺平"和奋斗压根儿不算二元对立。问题在于，上一代精英们习惯了一元话语体系，凡是跟自己价值体系相悖的，就是邪路，需要加以反对和引导，结果遭到反噬。所以在社交媒体的狂欢里，并没有人在乎白岩松到底讲了什么，年轻人抵触的是话语权，是价值体系本身。

整个事情的"出圈"其实有些荒诞，走向了剧中人完全不明白的方向。但是在这样一个技术、世代、格局，甚至观念都发生剧烈变化的世界里，我们生活中充满这样的荒诞时刻。跟团队小朋友们聊这件事情，一个"90后"、一个"00后"不约而同地推荐我看《走向共和》——

该片结尾的时候，满脸沧桑的李中堂大人悠悠地说，一代人有一代人的使命。

---

[1] 10.3万人选择了"我累了，坚决躺平"，还有7.7万人选择"偶尔躺躺也好"，4.4万人选择"想躺，但没那个条件"，反对躺平的比例不足7%。

是啊，一切都在变化中，一辈人有一辈人要做的事情。

曾经的他们，如今的我们，未来的他们……谁会感到不安呢？

风在往哪个方向吹：数字货币严监管

2021年5月最为不安的大概是币圈。

自从4月14日到达6.48万美元/枚的高点后，比特币被中美两国的监管部门频频点名，而且态度日趋严厉：先是美国总统拜登表示支持耶伦对加密货币的负面看法；紧接着，中国人民银行副行长李波、前行长周小川分别在博鳌亚洲论坛上表示了要对比特币加强监管，"要提醒，要小心"的态度；5月初，币圈的"大反派"耶伦再次强调加密货币监管是一个"值得解决的问题"，中国央媒则直接点名批评"虚拟货币乱象丛生"。

最令人捉摸不定的是马斯克，4月底还在强调对比特币持乐观态度，5月12日突然变脸，宣布将暂停使用比特币购买特斯拉，甚至开始在网上吐槽比特币能源消耗过大、不环保、速度慢。

经过几个月的暴涨，比特币、狗狗币的获利盘已经很大，市场杠杆率也很高。尽管资金还在流入，但速度已经慢了下来，加上中美两国监管机构的频繁表态，市场情绪已经非常脆弱。币圈"精神图腾"马斯克的反复又火上浇油，让币值当即下跌10%。5月18日晚，中国互联网金融协会、中国银行业协会、中国支付清算协会联合发布公告，提示防范虚拟货币交易炒作风险。同一天，占全球比特币采矿计算能力8%的内蒙古自治区宣布全面清理关停一切虚拟货币"挖矿"相关项目——这成了压死骆驼的最后一根稻草[1]。5月19日晚间，虚拟货币全线大跌，比特币较当日高点跌幅达34%左右，一度探底到2.9万美元/枚；以太坊一度腰斩；其他新晋热门币种，如狗狗币，跌幅也一度达到56%——1个小时内，投资者爆仓超过60亿美元，金融世界的狂欢和残酷毫不遮掩地在币圈上演。截至20日早上7点半，24小时内总爆仓187亿美元，约58万人爆仓，巨量财富就此灰飞烟灭。

5月20日当天，美国著名经济学家、诺贝尔奖得主克鲁格曼在《纽约时报》发表了一篇文章，标题是他一贯尖锐讽刺的风格——《技术呓语、自由主义脑残与比特币》(Technobabble, Libertarian Derp And Bitcoin)。他直截了当地表示："加密货币就是自由主义者的胡言乱语和技术骗局的结合。"在"更早入局的玩家已经赚钱"的基础上，它还在讲一个"比特币代表新世界"的故事，这不像新世界，而更像庞氏骗局。但是，克鲁格曼转了个弯，他也认为加密货币不一定很快走向崩溃。因为即使是像他这样对加密技术持怀疑态度的人，也会对黄金作为一种高价值资产的耐久性表示怀疑。

---

1 根据剑桥大学编制的比特币电力消耗指数，当时中国约占全球所有比特币采矿计算能力的66.7%，仅内蒙古自治区就占8%，比整个美国（7.2%）都高。

这大概也是围绕着比特币和其他加密货币的最大悖论：即使最坚定的反对者和支持者都不敢笃定，下一个季节风往哪个方向吹。尤其对于反对者来说，比特币具有一种强大的反身性、一种自我实现的能力。严监管固然是摧毁的力量，但在摧毁中又演化出更强的对抗之力。5月19日的暴跌就被一些人视为"通过了极端压力测试，系统运转正常"的巨大胜利。

从5月到6月，中国政策的底牌已经很清晰：一方面推进加快数字人民币的试验和落地，另一方面从支付、交易、宣传、挖矿等全产业链对虚拟货币进行封锁打击。[1]作为向来对金融创新容忍度比较高的国家，美国在数字货币方面的反对态度非常明确，同时也加快了对主权数字货币的探讨和研发。

与之相反，比特币以主权货币反抗者的身份走上历史舞台，受益于2008年金融危机对现行货币系统的伤害，然后在社交媒体的推波助澜下快速席卷成新的信念。[2]2020年应对疫情的历史性大放水，让包括美元、黄金在内的旧世界故事的可靠性再次

---

[1] 2021年5月18日晚间，中国互联网金融协会、中国银行业协会、中国支付清算协会联合发布《关于防范虚拟货币交易炒作风险的公告》，呼吁机构不得开展与虚拟货币相关的业务，提示投资者防范虚拟货币交易、炒作风险。5月21日，国务院金融稳定发展委员会召开第五十一次会议，特别强调："打击比特币挖矿和交易行为，坚决防范个体风险向社会领域传递。"5月25日晚，内蒙古自治区发展和改革委员会出台《内蒙古自治区发展和改革委员会关于坚决打击惩戒虚拟货币"挖矿"行为八项措施（征求意见稿）》，要求全面清理关停虚拟货币"挖矿"项目。6月18日，《四川省发展和改革委员会、四川省能源局关于清理关停虚拟货币"挖矿"项目的通知》发布，要求完成重点虚拟货币挖矿对象甄别关停以及做好全面清理排查。6月21日，中国人民银行官网发文称，已就银行和支付机构为虚拟货币交易、炒作提供服务问题，约谈了部分银行和支付机构。随后相关机构接连发布《关于禁止使用我行服务开展虚拟货币交易的声明》。
[2] 详见得到App课程《香帅中国财富报告（2020—2021）》。

遭到质疑。再加上数字化技术的深化，加密货币的信念得以扩散和巩固。中美监管层的态度让这个信念遭到了暴击，但同时又加强了其"独立货币"——价值来源不隶属于任何主权国家，不受任何央行的影响和控制——的信念。所以，越监管越有利，因为这提供了让其被称为"合理存在"所需要的制度保障。而且监管越成熟，资金进入越踊跃，上涨动力越充足。

这个逻辑非常强，除了特斯拉以外，包括乌克兰政府、摩根士丹利旗下基金、Square、Meitu（美图秀秀母公司）在内的政府、基金和企业也开始试探着配置比特币和其他数字资产。就在"5·19暴跌"后，木头姐出来喊话[1]。她仍然坚持认为比特币单价将涨至50万美元——比特币还真的应声止跌。

但新信念的强大和脆弱都是一体两面的：加密货币对主权货币的"反抗"实际上基于对社交媒体和个人信用的依赖甚至操纵，是另一种枷锁。明星基金经理、企业家、亿万富翁和饶舌歌手，以及形形色色的币圈大佬组成了另一种高度集中化的"权力机构"。尽管在诞生以来的10多年中，除了灰色交易外，比特币并没有在实体经济中担任过什么正儿八经的角色，但这不妨碍其价值随着"新权力中心"的言行举止而起伏波动。

而我也变了。自从想明白了"代际"这个问题后，我不再

---

[1] 早在2021年初ARK基金的Big Idea年报中，木头姐就认为，如果标普500成分股公司拿资产负债表里1%的现金来配置比特币，比特币单价将上涨4万美元；若配置比例达到10%，则上涨40万美元。

对要炒币的年轻人讲金融学原理。我告诫自己，经济学帝国主义者最大的毛病就是喜欢越俎代庖，觉得自己的理论可以包打天下。而币圈，归根结底是个社会学、历史学，乃至人类学问题。毕竟——

"谁也没有看见过风……但是河水起波纹的时候，我们知道风来游戏了。"[1]

换季：袁隆平去世、黑石收购SOHO

从春末到初夏，2021年的轮廓已经从影绰变得清晰。

5月22日，"中国杂交水稻之父"袁隆平在湖南长沙去世，享年91岁，引起全国震动——这是真正意义上的同频震动，官媒和自媒体，南方和北方，公知和"小粉红"……所有裂痕似乎都在这一天弥合。袁老出殡那天，长沙阴雨绵绵，无数市民涌上街头去送别。更让人惊奇的是，不少"饭圈女孩"千里迢迢飞奔长沙，就为献上一枝花。

这是中国社会久违的一幕。但对2021年来说，这并非"羚羊挂角，无迹可寻"[2]。3月的新疆棉事件之后，民族与民生的情绪正在逐渐成为新世代的主流审美，一种欲望上更"丧"、情感上更丰富、价值取向上更多元的话语体系正在逐渐形成。这种

---

1 叶圣陶《风》。
2 宋·释道原《景德传灯录》。

话语体系，之后还会不断在有关年轻人的各个场景中出现：王思聪从"国民老公"变成"舔狗"，河南暴雨中的救助守望，鸿星尔克直播间里的"野性消费"……莫不如是。

5月鸣蜩声止，6月的白昼越来越长。6月中旬，很久没有消息的潘石屹夫妇又出现在各种媒体的灯光下。这对"国内地产+海归投行"的著名夫妻档曾以SOHO（Small Office，Home Office）为卖点，开创了"最都市、最时尚的工作生活方式"之先河，奠定了其财富的基石，同时也因为大手笔清空国内资产而被媒体关注。从2014年开始，潘石屹夫妇先后卖出上海SOHO静安广场、SOHO海伦广场、上海凌空SOHO、上海外滩国际金融中心、上海SOHO世纪广场、虹口SOHO，以及北京9个商业项目等多个核心地区物业，套现约300亿元。

2021年6月16日傍晚，SOHO中国宣布，美国著名私募股权基金黑石将以每股5港元的价格收购SOHO中国91%的股份，交易完成之后，潘石屹夫妇仅保留公司9%的股份，并退出董事会。二人一次性套现142.81亿港元。

6月季夏，站在融科望京中心20层的楼上看去，曾被称为"首都第一印象建筑"的望京SOHO染着淡淡的余晖。建筑还是那个建筑，仍然是典型的扎哈·哈迪德作品，盘旋的楼体，流线型的外表，天马行空，充满大胆和抽象的隐喻。

夕阳渐沉，SOHO巨大的阴影渐渐模糊，在它身后，一个时代的背影也渐渐模糊。

第五章

夏天的最后一朵玫瑰

> 迁延蹉跎，来日无多，二十丽姝，请来吻我，衰草枯杨，青春易过。
>
> ——[英]莎士比亚《第十二夜》

作为一个曾经疯狂的资深荷兰球迷，我到6月11日才记起2020年的欧洲杯因为疫情推迟到2021年了。于是匆匆忙忙买了爱奇艺的会员，却发现荷兰队23个人的大名单里居然连一个自己熟悉的名字都没有，很是唏嘘。接下来每晚两场的直播也都是浑水摸鱼，常常半场不到我就睡了过去。最让我意外的是，朋友圈里安安静静的，波澜不惊。想想我身边朋友大多中年油腻，也不足为怪了。问已经在大学里任教的学生们，她们帮我做了一圈调研回来，结果是"年轻人确实不怎么看球了"，毕竟有手游、抖音、微博、剧本杀、密室逃脱……90分钟看场球，未免奢侈。

决赛意大利夺冠。第二天早上，因为熬夜而头昏沉眼迷离的我坐在露台上，一场暴雨后，天空如洗，我看着天色一点点地变白变蓝。"95后"的女孩告诉我，她的朋友圈就两个人发了这条消息，一个是我，另一个是她叔叔。

我忽然想起了一首古老的爱尔兰民歌，《夏天的最后一朵玫瑰》。这是 2021 年 7 月 12 日的清晨，太阳已经越过北回归线 20 多天，2021 年的下半场已经开始很久了。

平台的敌人来了：莉娜·可汗就任 FTC 主席

就在潘石屹为 SOHO 中国的命运忐忑时，美国的数字巨头们正在为一个年仅 32 岁的巴基斯坦裔年轻姑娘伤透脑筋。

6 月 15 日，美国总统拜登任命哥伦比亚大学法学副教授、竞争法专家莉娜·可汗为 FTC 主席。FTC 的全称为"Federal Trade Commission（联邦贸易委员会）"，是美国执行多种反托拉斯和保护消费者法律的联邦机构。近几年，FTC 在反垄断上频频出手，高通、谷歌、脸书都在它这里栽了跟头。

而莉娜·可汗则是近年来美国对大型科技公司进行反垄断的头号代表。她 1989 年生于伦敦，父母是巴基斯坦人，11 岁随父母移居美国，25 岁进入耶鲁法学院攻读博士学位。2017 年，29 岁的莉娜·可汗就以《亚马逊的反垄断悖论》(*Amazon's Antitrust Paradox*) 一文一战成名。文中对美国的反垄断法提出了严厉批评。莉娜·可汗认为，反垄断是为了保障社会政治经济各相关方，包括工人、制造商、企业家、消费者和其他公民的利益。而现行的反垄断法框架主要集中在消费者福利上，没有关注到市场权力结构带来的影响。比如说，平台在扩张过程中常用的掠夺性定价和跨行业整合，经常会使得竞争长期处于"不公平"的状态[1]，但现行的反垄断法对此熟视无睹。

莉娜·可汗提出的解决方案是，在接受平台自然垄断地位的前提下，对其竞争过程加以监管。监管方式有两种：第一是公用事业管制。像亚马逊、脸书这些在互联网经济中具有"基础设施"性质的企业，需要适用公用事业监管的原则，比如禁止给自营产品优待、对费率设限、设置资本化与投资限制——按照这种监管原则，亚马逊利用第三方数据分析消费者偏好推送自营产品、百度搜索页面偏向百家号等旗下网站，都是不可接受的行为。第二则是应用关键设施原则。这就是不允许平台利用自己的自然垄断地位拒绝竞争对手使用关键基础设施。比如，微信拉黑来自淘宝和抖音等平台的外部链接，苹果不允许应用程序绕开Apple Store的分发，也都在被禁之列。

莉娜·可汗的观点直指大型数字平台的增长和盈利模式。从2019年6月开始，她深度参与了美国国会启动的针对GAFA[2]四巨头的反垄断调查。2020年10月，美国众议院司法委员会反垄断法、商业法和行政法小组委员会正式发布了长达449页的《数字化市场竞争调查报告》（*Investigation of Competition in Digital Markets*）。这份里程碑式的报告态度明确，表示GAFA

---

[1] 数字平台对增长的重视远胜于利润，所以经常会采取大规模补贴等方法进行掠夺性定价，将对手驱赶出市场；同时也经常会跨行业整合，使对手丧失使用关键基础设施的机会。
[2] 指谷歌、苹果、脸书和亚马逊。

四巨头均具备垄断市场的能力，建议国会在采取相关措施之外，还要制定法律，在未来令大公司难以收购其潜在竞争者。报告中不少章节就出自莉娜·可汗之手。莉娜·可汗的就任引起了巨头们的强烈不安。6月30日和7月14日，亚马逊和脸书均向FTC提出申请和动议，要求莉娜·可汗回避对自己公司的反垄断调查，原因是她在这些问题上公开的先入为主的态度。

不管在这些调查中莉娜·可汗最终是否会回避，但她以69∶28的投票结果确认获得FTC席位，又直接被拜登任命为FTC主席，意味着美国政府在反数字平台垄断上的立场已定，甚至比市场预期的更积极。"五年前，这些公司不知道她是谁，现在相当于一个激进的局外人突然成为董事会主席，"FTC前主席威廉·科瓦西奇评价说，"现在它们（指四巨头）的日子变得更加艰难，更加不稳定了。"

莉娜·可汗不是特例。实际上在3月5日，还有一位"70后"反垄断法专家、哈佛法学院华裔教授吴修铭，也被招进美国国家经济委员会，担任拜登在制定科技与竞争政策方面的特别助理。吴修铭的著作《巨头的诅咒：新镀金时代的反垄断》（*The Curse of Bigness, Antitrust in the New Gilded Age*）对美国商界和法律界都有相当大的影响。他认为，科技巨头的超强垄断地位实际上限制了他人的权利，相当于破坏了经济民主，当其更进一步地影响媒体和法律后，甚至会破坏政治民主。所以他甚至支持对脸书进行拆分，也因此被视为反垄断立场最为强硬的鹰派。

莉娜·可汗和吴修铭的"入阁"不是偶然。这实际上反映了此前10余年美国政治和经济生活全面鹰派的趋势：从20世纪80年代初到2008年的近30年里，美国是自由主义的天堂，最大的竞争对手苏联衰落解体，中国市场经济体制改革，美元地位稳如磐石，经济地位一家独大，就像经济学家索洛所说："增长的大潮让所有的船只都扬帆起航。"强者倾向于宽容。这段时间，美国不管两党如何交替，政策如何摇摆，自由主义底色依旧浓厚，坚持对市场的有限干预，鼓励美国企业全球化，鼓励金融和科技创新，在对金融巨头和科技巨头的监管上，基本态度是包容。即使是民主党，也从未将反垄断列入竞选纲目。同样，由于双方实力差距太大，并且中国的廉价、优质劳动力和巨大市场也成为美国企业全球化中的重要生产和销售基地，为美国企业贡献了源源不断的利润，所以美国对华政策也是以鸽派为主，以接纳为底色。

但自从2008年金融危机以来，尽管美国在宏观数据上实现了快速复苏，但是国内经济结构不平衡的问题更加突出。制造业外移导致"铁锈州"问题，数字化加大了企业和劳动力市场的头部效应，中产阶级萎缩，贫富差距拉大后，种族问题凸显。2010年的《多德-弗兰克华尔街改革和消费者保护法案》(简称《多德-弗兰克法案》)公布之后，对金融巨头的监管进入新阶段，但没有涉及数字科技企业。在相对温和宽松的环境下，数字平台本身的自然垄断属性得到充分发挥，巨头们的头部效应趋向极致。这些都可能会对创新产生负面效果，同时加剧了财富分化，社会的不满情绪、世代和种族撕裂日趋严重，2016年特朗普的上台也正是这种状态的产物。

对于年轻的Y世代来说，2000年后的社会现实——"大而不倒"的诅咒和贫富差距拉大的天花板远比经济增长效率要更显得迫切和扎心，对"大"说"不"逐渐成为新的政治正确。对科技巨头反垄断立场的转鹰，对华政策的转鹰，虽然底层逻辑不尽相同，但多少都顺应了这个方向。实际上，吴修铭和另一名"入阁"的华裔——美国贸易代表戴琦，都是对华立场最强硬的一批中青生代。他们和更年轻的莉娜·可汗代表了美国新生代普遍更为激进、更为左翼的立场和思潮。

21世纪初，自由主义者托马斯·弗里德曼满怀激情地看着势不可当的全球化，写下《世界是平的》这本书，影响了全球年轻人。十几年后，中美两大经济体都出现了民族化、民生化的倾向，英国脱欧让欧共体的梦想走到梦醒时分。没有一片土地会脱离全球趋势而存在，世界仍然是平的，只不过，在不同的方向上。

2021年6月23日，美国众议院表决通过六项数字平台反垄断相关法案[1]。继《多德–弗兰克法案》之后，美国互联网行业也在等待一个新纪元的到来。

---

[1] 《终止平台垄断法案》《美国创新与选择在线法案》《通过启用服务交换法案》《平台竞争与机会法案》《合并申报费现代化法案》《州反垄断执法场所法案》。

突围与博弈：滴滴 IPO 与数据安全法

当美国数字巨头伤神的同时，大洋彼岸的平台们也正在迎来 2021 年最严峻的考验。

6 月 30 日，滴滴在纽交所挂牌上市，发行价 14 美元/股，当日收盘 14.14 美元/股。[1]

这是一次非常奇怪的 IPO（首次公开募股），从上市节点、整体流程……每个环节都透着令人费解的气息。首先是选在 6 月 30 日上市。众所周知，2021 年 7 月 1 日是中国共产党建党 100 周年，这是一个民族栉风沐雨、砥砺奋斗、走向复兴的重要节点，稍具规模的活动宣传都尽量避开这个时间窗口。从理论上来说，作为中国最负盛名的互联网平台之一，滴滴管理层和公关部门不会没有这点儿最起码的政治觉悟。

除此之外，2021 年 4—5 月，国内正酝酿出台《中华人民共和国数据安全法》，监管部门曾经和滴滴等数家准备赴美 IPO 的公司进行了沟通，大多数公司都决定暂缓上市，滴滴却仍然在 6 月 11 日递交上市申请。更奇怪的是，一般而言，这种体量的企业赴美上市，整套审核流程下来花费两三个月就算非常快了，而滴滴从递交申请到正式上市一共只花了 15 个工作日，速度之快很是不同寻常；而且上市当天也像一滴水掉在池子里一样，

---

[1] 滴滴发行的是美国存托凭证 ADR。ADR 是代表外国公司证券的可协商证券，允许在美国金融市场交易。

丝毫没有波澜：不敲钟，不庆祝，对媒体，甚至对自己员工封锁消息，只是在上市前夜发了篇简短的微信公众号文章知会一声，轻描淡写地表示"上市不是终点，而是新征程的开始"。

7月1日风平浪静地过去了。7月2日晚上7点19分，国家互联网信息办公室（简称"国家网信办"）官网发布公告称，根据《网络安全审查办法》，对"滴滴出行"实施网络安全审查，审查期间"滴滴出行"停止新用户注册[1]。

"网络安全审查"——这样严重的措辞还是首次在官媒上出现。7月3日，网上开始迅速出现大量帖子，声称滴滴为上市将数据打包给了美国。一石激起千层浪，"滴滴卖国"之类的传言迅速席卷全网，连柳传志和倪光南之间的恩怨、柳家垄断出行行业（联想控股神州租车，柳甄是优步中国战略负责人，柳青是滴滴出行总裁）、联想支持美国企业弃投华为等种种负面新闻也都被挖了出来。滴滴出行副总裁下场澄清，还表示要对造谣者起诉维权，但也没有真正扭转舆论趋势。

仔细想想，滴滴的"闯关"并不是毫无逻辑的莽夫行为。

滴滴是全球融资最多的"独角兽"，融资方包括软银、老虎基金等顶级风投，中国人寿、交通银行等大国资，中投公司、

---

[1] 2020年4月，国家网信办等12个部门联合制定的《网络安全审查办法》发布，并自同年6月1日开始正式实施。关键信息基础设施运营者采购网络产品和服务，影响或可能影响国家安全的，应当按照该办法进行网络安全审查。具体而言，"关键信息基础设施"是指电信、广播电视、能源、金融、公路水路运输、铁路、民航、邮政、水利、应急管理、卫生健康、社会保障、国防科技工业等重要行业和领域，一旦遭到破坏、丧失功能或者数据泄露，可能严重危害国家安全、国计民生、公共利益的网络和信息系统。

阿联酋、新加坡等主权基金，以及腾讯、阿里、百度等你能想到和想不到的出资方。9年下来烧了1000多亿人民币，兼并了快的、优步中国两大巨头，成为中国最大的出行平台。问题是9年过去了，吞金兽还没有变成下金蛋的母鸡，滴滴仍然持续巨亏，很多投资人已经等不及要退出了。2020年滴滴的对标优步上市后股价表现令人失望，市值徘徊在400亿~700亿美元，这意味着滴滴的估值只有200亿~400亿美元——这是一个大多数投资人都会亏钱的估值。2020年开始，已经有一些投资机构在市场上以"骨折价"转让滴滴股份。2020年下半年优步股价反弹后，滴滴非常期望趁这个时间窗口上市，完成退出。但亏损和经营合规问题让国内上市和港交所上市都变得希望渺茫，美国市场成了最后的救赎。

但2020年以来，中美两国在上市企业的信息披露方面分歧很大，而且数据信息安全也越来越成为焦点。所以中国政府规劝要赴美上市的平台企业三思缓行。

但是，这次的监管反应不是一个线性外推的结果，而像是踩到雷区，从个人隐私保护，到反垄断，再到劳资关系，各个雷区接二连三地发生爆炸。

7月2日国家网信办公告后，7月4日，国家网信办又公布了《关于下架"滴滴出行"App的通报》，措辞严厉地表示滴滴出行存在严重违法违规收集、使用个人信息的问题。

7月5日，网络安全审查办公室对"运满满""货车帮""BOSS

直聘"启动网络安全审查，审查期间暂停新用户注册。

7月6日晚上，中共中央办公厅、国务院办公厅深夜发文强调要加强中概股监管。

7月7日，国家市场监管总局发布消息，对互联网领域22起违法实施经营者集中案做出行政处罚，涉案企业包括阿里、腾讯、苏宁易购等。

7月9日深夜，国家网信办再次发布《关于下架"滴滴企业版"等25款App的通报》，将滴滴运营的所有主要App从应用商店下架，包括"滴滴出行""滴滴金融"。

7月10日，国家网信办发布关于《网络安全审查办法（修订草案征求意见稿）》公开征求意见的通知，同一天，腾讯主导的虎牙、斗鱼两家合并被叫停。

7月16日，国家网信办协同公安部、国家安全部、自然资源部、交通运输部、税务总局和市场监管总局等部门，联合进驻滴滴，开始进行网络安全审查。

7月22日，人力资源和社会保障部、国家发展和改革委员会、交通运输部等八部门《关于维护新就业形态劳动者劳动保障权益的指导意见》正式公布，督促平台要承担相应劳动者权益保障的责任。26日，国家市场监管总局等七部门更进一步对保障外卖送餐员的正当权益提出全面要求。8月7日，应急管理部、公安部及人力资源和社会保障部再次召开平台会议，要求优化平台算法，维护劳动者生命安全和劳动权益。

7月13—23日，货拉拉、小红书、哈啰出行、美菜网、多点新鲜、天鹅到家、福佑卡车、Keep、喜马拉雅、极兔速递10家中国互联网企业都宣布暂停赴美上市计划。

7月30日，工信部要求互联网企业要对照清单，深入自查，从扰乱市场秩序、侵害用户权益、威胁数据安全、违反资质规定和资源管理规定四个方面进行全面检查——这个规定看似轻飘飘，实际杀伤力极大。像平时我们经常碰到的"刚在百度搜尿布，立马N个母婴产品推送""这个平台打不开那个平台链接""非此即彼二选一""叫的车跟来的车居然不是一个车牌"……这些平台最常见的行为基本都在这四条里——就像给孙悟空戴上紧箍一样，念紧箍咒的权力掌握在唐僧手里，主要目的是威慑。

连续一个月政策频出，不仅仅是滴滴，几乎所有的互联网平台都战战兢兢。滴滴的股价从上市当天的14.14美元直线下跌，7月26日到达最低点7.16美元，后面缓慢回升，停在8美元左右。这个价格对应大约300亿美元的市值，也就是说，2017年之后进入的投资者和滴滴员工，手里的股份都处于浮亏的状态。

很多人还没有意识到，从2020年到2021年，行业的转变已经在进行中。大互联网平台不再是体量甚小、影响甚微、试错成本很低的"创新企业"，而是数字时代牵一发而动全身的基础设施。

一个耐人寻味的细节是，按照《网络安全审查办法》，一般审查流程会在30~45个工作日内完成。但截至11月1日，开始对滴滴审查4个月之后，关于审查结果仍然没有任何消息。滴滴系App也没有恢复上架。一切都静悄悄的，似乎什么都没有发生。与此同时，十几个腰部打车平台，高德、曹操、美团、嘀嗒、花小猪、T3……展开了新一轮的市场份额抢夺战。滴滴的命运如何，答案恐怕还在风中飘。

华尔街有句著名的谚语，叫作"不要和美联储作对"。这是美国金融圈在无数次反复博弈中得到的智慧，也许，中国的互联网巨头们可以从"他山之石"中找到一些借鉴。

2021年，一场大疫之后，对于进入快车道的数字社会来说，编户齐民、田赋丁税的农耕时代已经拉开帷幕，狩猎的矛大体上是要稍稍放下，游牧的马也得轻轻勒住缰绳了。

环球同此凉热，正在渐行渐远的太平洋两岸却在时代强劲的脉搏中同频了。

回声：河南暴雨、教培行业巨变、中概股暴跌

滴滴引起的监管暴风雨还没停歇，河南又来了一场"史上最强暴雨"。说最强不带任何夸张色彩：从7月17日到20日，郑州三天降雨量达617.1毫米，相当于平时一年的降雨量。其中20日下午4—5点，一个小时的降雨量达到201.9毫米，有人打了个通俗的比方，相当于向郑州倾倒106个西湖的水……总之，从

气候学的角度来看，小时降水、日降水的概率，都属于"千年一遇"。但无论如何，2021年的7月，河南给遇上了。

而汪洋肆虐中，河南人显示出了中原文明忠义善良的本色，积极地互助自救，保卫家园。我很难说出当时的感受，一种热切的像泪的东西似乎在涌动，有点如鲠在喉，情绪有点陌生又颇为熟悉。和很多人一样，我接力般默默在朋友圈转发了一个"河南人，中！"的图片，似乎只有这样"肉麻"的表达，才能将心中郁结抒发出来。

2021年7月20日晚上9点左右，一个叫"待救援人员信息"的腾讯文档开始在网上流传——文档创建24小时有250多万次访问量，帮助定位和搜救被困人员3000多人。事后才知道，这个文档是上海财经大学一名出生于1999年的本科女生李睿（Manto）和她的小伙伴创建的。

7月21日，搜寻失踪人员的工作继续进行。全国的救灾款和救灾物资飞向河南。7月22日晚上，话题"鸿星尔克的微博评论好心酸"突然爆上热搜。这个亏损已久的国货品牌于21日低调宣布向灾区捐赠5000万元物资，第二天才被网友发现。当晚，平时只有数千人的鸿星尔克直播间呼啦啦涌进200万人，第二天更达到2000万人，个个疯狂下单要"买空鸿星尔克"，"救活良心国货"。主播都被吓傻了，拼命劝说粉丝们要"理性消费"，年轻人却嘶吼着要"野性消费"，将所有产品扫荡得干干净净。回想4个月前的"H&M新疆棉"事件，隐隐有点"似曾相识燕归来"的感觉。

河南大雨未停,另一场"暴雨"又来了。7月20日和21日,政府连续出台两个文件,要求"推进教育公平……严格规范校外培训",甚至具体到要求"推动放学时间与父母下班时间衔接""建设免费的网络教育平台"。7月23日,关于校外培训行业要被整顿的一些消息在网络上疯传。

7月23日夜间,美股开盘,中概股教育板块集体跳崖:好未来跌70.47%,高途跌63.36%,新东方跌54.22%,网易有道跌42.77%。[1]其余的中概股也没多好,互联网板块早就奄奄一息,阿里从年初以来已经跌了近30%,港股的腾讯、美团也都被"卸胳膊卸腿",分别下跌14.84%和27.02%。

7月24日,中共中央办公厅、国务院办公厅印发的《关于进一步减轻义务教育阶段学生作业负担和校外培训负担的意见》(简称"双减"文件)正式下达,要求各地"结合实际认真贯彻执行",规定:

1. 各地不再审批新的面向义务教育阶段学生的学科类校外培训机构;
2. 现有学科类培训机构统一登记为非营利性机构;
3. 学科类培训机构一律不得上市融资,严禁资本化运作;

---

[1] 数据出自Wind数据库。

4. 上市公司不得通过股票市场融资投资学科类培训机构，不得通过发行股份或支付现金等方式购买学科类培训机构资产。

回头看，这件事其实早有端倪。从2018年开始，习近平总书记已经多次强调发展教育的重要意义，甚至点名过教培行业乱象。而2020年由于疫情影响，在线教育（培训）销售额逆势而上，增长超过140%，教培赛道的一级市场更是热到发烫，融资超过千亿元，其中在线教育融资同比增幅267%。从顶层政策设计的角度来看，过去五六年，整个基础教育的"内卷"和普通家庭教育费用的攀升，已经成为"中国梦"和"民族复兴"的巨大阻力——对生育率、消费拉动、居民幸福感的负面影响，以及教育支出过高导致的阶层固化，越来越变成亟待解决的问题。2020年这股"逆流"恰好撞在了枪口上。

从2021年1月开始，中纪委、中央网信办都多次发声，批评资本助力教育培训行业，内耗严重以及行业不规范的行为。3月的两会上，习近平总书记表示，"培训乱象，可以说是很难治理的顽瘴痼疾……要紧盯不放，坚决改到位、改彻底"。3—4月教育部频频出手，不断给学科类教育培训行业施加各种压力。4—5月，各地市场监督管理局则从价格、广告和合规等各个方面对培训机构和企业进行敲打。学而思、新东方在线、高思、猿辅导、高途、作业帮等行业头部公司都收到过罚单。

真正的大资本早就壮士断腕。2021年一季度，号称"教育是永不需要退出的投资"的高瓴资本清仓了好未来和一起教育；景林资产卖出持有的绝大部分好未来股份；瑞银卖出8740万股高途；老虎环球基金也清仓了高途。截至7月23日，专注于K12赛道的高途和好未来股价已经分别下跌了97.64%和93.4%，市值几乎归零。

到5月初，七人普数据公布，"内卷""躺平"成为热词，人口政策大转向的信号明确。5月21日，习近平总书记主持召开中央全面深化改革委员会第十九次会议，会议审议通过了《关于进一步减轻义务教育阶段学生作业负担和校外培训负担的意见》。教培行业究竟是不是社会焦虑的始作俑者，已经不再重要了，时代的转向总需要信号灯，而信号灯就这么来了。

河南的大雨还在狂泻，并且从郑州转向了基础设施更为薄弱的新乡、卫辉等地。平台已经从懵懂状态醒来，开始履行自己"数字基础设施"的职能：

1. 腾讯成为信息集散地。除官方设立汛情专题以外，救援队共享位置，指挥部门会在微信群发送通知，同时腾讯新闻接入"较真"平台，对不实信息进行辟谣。

2. 菜鸟物流调动郑州及周边地区的运输配送力量，24小时响应抢险救援和物资配送，同时为群众提供临时驻地。

3. 微博"#河南暴雨互助#"的话题阅读量4小时内达到

了近50亿。

4. 高德发布"河南暴雨积水地图",为河南当地用户提供避灾信息。

5. 美团成立援助专项小组,协调当地资源与社会力量,支持防汛部门和救援队伍。

6. 京东健康为河南地区用户开启免费在线问诊服务专区。

7月23日下午,一个河南籍的朋友,有赞创始人白鸦,在得知新乡的问题不是缺物资,而是乡镇地区人员被困,急需冲锋舟"点对点"救助后,于2点在朋友圈发起冲锋舟援助新乡的募捐。从建群、支付宝收款、打款到江苏南通的工厂、装货,到载着83艘冲锋舟的卡车出发,一共历时3小时。因为担心冲锋舟到新乡后的卸货安装以及准确投放使用,群里一个年轻漂亮的女生二话不说,从深圳飞过去,联系上货车司机后,一路跟随指挥,一直到新乡的农村,每一步亲力亲为,直到冲锋舟在污浊的洪水中启动,往被困人群疾驰而去——所有的过程,都有视频发布到群里。每个人都觉得魔幻,几十万元的实物捐助,从发起到落地救人,历时一天一夜,没有任何信息的冗余、拖延和虚报——这真是一个高清的"微粒时代"。

这一次,数字平台显示了它在社会治理中所能发挥的最正面的作用:信息和物流的无缝衔接、强大的组织动员能力,以及效率的提高。

2021年7月23日，河南大雨内涝带来的冲击还没有消退。当天晚上北京时间7点，推迟了一年的东京奥运会开幕。

因为疫情防控的需要，开幕式观众席上几乎空无一人。屏幕里鱼贯而出的代表队、主持人热情洋溢的声音，与空荡荡的观众席形成了强烈的反差，显得奇特又酸楚。看似强大的人类在一种微小的病毒面前是如此脆弱和狼狈——半个世纪的自由主义旗帜飘扬，人类社会无尽的商业繁华、科技昌明和财富膨胀，抵不过大自然如此不经意的一下轻拍。开幕式表演本身颇有隐喻性。为了寄托对所有因疫情逝去的人的哀思，前面的节目带着点灵异诡秘的色彩，显得凄凉悲怆。但是到最后高潮部分，1824架无人机缓缓升起，徐徐散开，最后又聚在一起，变成悬挂在夜空中晶莹的地球，让人感到科技的力量、太空的浩瀚，不禁长舒一口气：似乎一切也没有那么坏，人类命运仍然有自己的星辰大海。

那天深夜，我站在露台上，忍不住点了一支烟，想抚平一下这一段纷乱的思绪：

从7月2日滴滴上市引发暴风骤雨开始，这个月就像是坐过山车，几乎每天都在巨浪中颠簸。7月9日，央行全面降准，向市场释放长期资金1万亿元左右，希望借此对抗2021年"前高后低"的经济情况。市场狂欢了几天后，又被教培行业、互联网行业的超严峻现实打回了原形。中概股暴跌，全球机构投资者纷纷出逃，港股也被打得蔫头蔫脑，数千亿元的财富灰飞烟灭，数百万普通家庭面临着失业的困厄。民营企业忧心忡忡，一时间失去方向，去留两难。

世界也没有任何太平的迹象。新冠变异病毒德尔塔毒株继续肆虐，东南亚已经被迫停工停产，"芯片荒"蔓延，通胀上行。严防死守的中国在7月20日也遭到重击，南京禄口机场突然失守，疫情迅速蔓延开来，8月的旅游旺季又成了泡影。气候也凑热闹，全球各地怪象迭出，美加部分地区持续高温，分别录得54.4摄氏度和49.5摄氏度的历史纪录，山火频繁爆发。北非、阿拉伯半岛、欧洲东部、俄罗斯西部等地区都是异常高温，已经导致多人死亡。德国在经历极端高温干旱后，7月连续暴雨导致城市内涝，造成罕见的200人死亡。

中国则出现北涝南旱的反常现象：除了河南特大暴雨外，这个夏天北京几乎天天下雨，降雨量是我来京十年之最，连干涸已久的永定河都开始涨水。7月18日晚上北京暴雨，我被阻海淀的四季青桥附近，车进水无法发动，最后呼叫110方得脱身。第二天早上我得知，就在离我不远的旱河路铁路桥下，两位六旬老人因为同一场暴雨被困车里失去生命。忽然觉得，生与死，原来不过咫尺的距离。

烟烧到手指，灼疼了一下，我清晰地感受到自己在亲历历史，虽然因为身在历史之中而看不见全貌。扔掉烟，我转身回到书桌前，打开电脑——

我不知道该怎么描述和表达对于2021年7月23日的确切感

受,但我确切地知道,当历史的长镜头扫过的时候,这将是被长久注视的一刻。

一场突如其来的超级暴雨,河南告急,郑州告急,新乡告急。

一场早有预兆的超级暴雨,新东方告急,高途告急,好未来告急,中概股告急。

一场沉默的、几乎没有回响的、没有现场观众的奥运会。

这天下午2点01分,当知道河南暴雨"救命文档"创建者,那个叫作李睿的22岁小女生,是我博士生的师侄时,我忍不住笑了一下。我博士毕业11年之后,"孙辈"的孩子们已经毫不犹豫地开启了自己的历史,"一代人终将老去,但总有人正年轻"。

下午4点03分,我参与了白鸦发起的冲锋舟援助新乡的募捐,从支付宝转款到看着冲锋舟送往新乡,仅仅1个多小时;从打款到发车,从捐助人账号到司机,对接人信息全程透明快速,没有任何时滞和信息不对称。看着卡车启动的视频,我的喉咙忍不住有点肿胀和哽咽,但也说不清是什么。

睡前经过儿子睡房,一轮明月透过屋顶的窗户照在酣睡的稚儿身上,我不知道为什么想起了很久前爱过的一首歌,高晓松的《回声》。

社交媒体清晰地描绘出了这个时代的回声:

有四张图片在朋友圈刷了屏,分别是新乡泽国的生死之间、新乡卫辉及村庄需救援物资的腾讯文档、鸿星尔克直播间的

"野性消费"和白鸦发起的冲锋舟募捐,还有一篇叫作《河南暴雨80小时,消失在13300名获救者身后那群人……》的报道。

在倾盆的雨中,还有无数互联网从业者隐晦表达的痛楚和迷惘,就像娃娃的《大雨》,"我在怀疑该不该躲你,该不该躲这场雨,大雨就要开始不停的下,我的心我的心,已经完全的没有主张……"

历史长剧的剧本已变:漫威式超级英雄的时代拉上帷幕,金融资本的镀金时代拉上帷幕。

全球向左。在平台基础设施化、平台公共设施化的加持下,一个脆弱又强大的人民叙事时代,帷幕已经拉开。无论你欢喜还是忧愁,支持还是反对。

"你挥一挥手正是黎明之前的寂静,我终于没能看清你那一瞬间的表情。你挥一挥手正好太阳刺进我眼睛,我终于没能听清你说的是不是再见。"[1]

---

[1] 高晓松《回声》。

第六章

塞下秋来风景异

> 万物静默。但即使在蓄意的沉默之中
>
> 也出现过新的开端，征兆和转折。
>
> ——［奥地利］里尔克《致奥尔弗斯的十四行诗》

2021年整个8月都是"胡天八月即飞雪"的感觉，几乎没有一天消停：

德尔塔毒株在南京、扬州和郑州等地快速扩散；SEC（美国证券交易委员会）暂停中国公司在美国的上市，并多次提出新的信息披露要求；阿富汗"一夜变天"，塔利班宣布建国；恒大集团爆发重大危机；华融爆出惊天大雷；茅台、腾讯等龙头股再次暴跌；吴亦凡东窗事发，文化部门开始"去娱乐化"的大整肃，饭圈、超话、黑嘴均在整顿之列；外卖骑手、平台司机等劳动者安全和劳动权益问题被快速提上日程；909万高校毕业生来势汹汹，青年失业率创新高……每一天都感到自己正在历史的穿堂风中瑟瑟而过。

新常识：共同富裕

8月最后一天，我按惯例在自己的微信公众号（"香帅的金融江湖"）上做小调查，看这个月大家最关心什么事。不出所料，"共同富裕，第三次分配"以27%的关注率遥遥领先，比第二名"阿富汗变天和股市震荡"高出一倍还多。

对于20世纪60年代之后出生的人来说，"共同富裕"是个陌生名词，虽然陌生的原因不尽相同。大体上以1990年为分界线：之前出生的是因为小时候都不知道"富裕"是什么滋味，之后出生的则是因为这个词确实在我们的社会消失了30年。

其实"共同富裕"不是新名词。1953年，党中央通过《中共中央关于发展农业生产合作社的决议》，决定进行农业的社会主义改造（农业合作化），消灭富农和个体经济，实现共同富裕。显然，这个目标只完成了前半部分，后半部分尚未实现。一晃30多年过去，1985年和1992年，邓小平分别两次在重大场合强调，中国社会主义的本质是解放和发展生产力，目标是实现全民共同富裕[1]。

这之后的30年，中国铆足了劲干上半场——"解放和发展生产力"：从1992年到2020年，GDP总量从0.42万亿美元增长到14.72万亿美元，全球经济占比从1.68%增长到17.41%，人均收

---

[1] 分别是1985年《一靠理想二靠纪律才能团结起来》的讲话和1992年的"南方谈话"。

入从1070元增长到32189元。2019年,中国进入"万元美金"中产社会。2021年,中国站在了"高收入国家"的边界线上[1]。

与之相伴而来的,是扩大的社会财富差距。一部分人"先富起来了",中国的亿万富豪数量已经超过美国,奢侈品消费全球一骑绝尘。但是,衡量贫富差距的基尼系数达到0.468,比俄罗斯、英国、日本、韩国都高,接近95%的中国居民年收入不足6万元人民币,达不到"万元美金"标准。[2]根据国家统计局数据推算,一个三口之家,年收入10万~15万元即达到"中等收入水平",也就是人均3.3万~16.7万元,但即使按其下限(3.3万元)计算,中国也有超过70%的人口没有达到中等收入门槛,其中还有6.1亿人(43%)的年收入低于1.2万元。[3]换言之,直到今天,我们所在的仍然是一个大多数居民尚未"中产"的"中产社会"。

2020年10月,党的十九届五中全会重提"共同富裕",将其作为2035年基本实现社会主义现代化的远景目标之一。[4] 2021

---

1 根据2021年7月世界银行发布的数据,高收入国家门槛为人均收入1.2万美元。2021年,如果以6.5的美元兑人民币汇率、8%的GDP增长率计算,中国人均收入超过了1.2万美元。但由于这个数字取决于汇率和GDP增长率,所以我们用"站在边界线上"表示。
2 据央行2020年发布的《中国城镇居民家庭资产负债情况调查》及北京师范大学中国收入分配研究院与中金公司联合发布的"中国家庭人均月收入分布情况"。
3 国家统计局证实:根据2019年相关数据,低收入组和中间偏下收入组共40%家庭户,对应人口为6.1亿,年人均收入为11485元,月人均收入近1000元。其中,低收入组户人均收入低于1000元,中间偏下收入组月人均收入高于1000元。
4 十九届五中全会把"全体人民共同富裕取得更为明显的实质性进展"确立为2035年基本实现社会主义现代化的远景目标之一。会议强调,"扎实推进共同富裕,不断增强人民群众获得感、幸福感、安全感,促进人的全面发展和社会全面进步"。

年6月,中共中央和国务院决定在中国民营经济最为发达、社会治理最为规范的浙江省建立"共同富裕示范区",探索解决地区差异、城乡差距和收入差距的新路径。2021年8月17日,习近平总书记在中央财经委员会第十次会议上发表重要讲话,强调"共同富裕是社会主义的本质要求"。

看起来,"解放和发展生产力"的上半场球踢得还不错,短暂中场后,要开始进入"全民共同富裕"的下半场了。或许是因为经历了房地产严控、教培行业巨变、文化市场整顿、金融去杠杆,以及税收、劳动人事、内容审查等方面对平台的种种严监管政策转向,2021年8月,大家对"共同富裕"的反应显得有些急切:

腾讯、阿里、拼多多、吉利、美团先后设立从千亿元到百亿元不等的"共同富裕基金"。李永新(中公教育)、黄峥(拼多多)、王兴(美团)、杨元庆(联想)、张一鸣(字节跳动)、雷军(小米)、陈东升(泰康)7名富豪迅速捐款,总额达到50亿美元,比2020年全年全国慈善捐赠总额还高。

美团创始人王兴称,共同富裕根植于美团基因,因为"美"就是better,"团"是together,"美团"就是"一起更好";娃哈哈创始人宗庆后则表示,让别人富起来才能赢得别人对自己财富的尊重。

网友们则活跃在各大社交媒体上,讨论得热烈又矛盾:家有恒产的中年网友略为担心被劫富济贫,年轻网友则不同,他们从情感上几乎一面倒地支持"共同富裕",但涉及个人却更纠结。很少有人认为家庭收入10万元就能过上"中产生活",上海、北京的网友更是晒出家庭开支账单,证明60万元的税前收入,家里养个娃,日子只能用紧巴巴来形容。

所有人都知道共同富裕在理念上的正确性,但是对实现共同富裕的路径仍然感到迷惘;所有人都知道共同富裕是社会常识,但如何诠释这个常识则是新命题。

再回头想,2012—2013年和2020—2021年是中国经济不同维度上的两个上下半场:

2012—2013年是中国增长的上下半场:2012年中国完成工业化转型,成为"世界工厂";2013年,以工业化为目标的城镇化基本完成,城镇人口比例从1978年的17.9%上升到54.5%。此后的六七年间,中国的增长引擎逐渐从制造转向服务,人口往大城市会聚迁徙,恰逢移动互联网技术的应用普及,中国消费互联网平台爆发式增长——产业变化、人口迁徙和技术突破的三浪叠加,涌成了下半场伊始喜忧参半的巨浪:互联网平台巨头涌现、投资和IT行业繁花似锦,相关高收入阶层财富快速增加,城市房价飙升、中低阶层上升途径越来越狭窄。

2020—2021年则是中国分配的上下半场:从先富起来到共同富裕。这是中国叙事的自然演进,却并不是中国独有的历史。《香帅财富报告:分化时代的财富选择》一书曾说过,从2008年到2020年,全球主旋律已经**"逐渐"**从增长转为分配,从效率转向公平，从自由主义旗帜飘扬转至保守主义大行其道。2020年的疫情为这个"逐渐"画下句号。2021年，是另一部宏大变奏曲的开始。中国，当然还是其中最重要的乐章。

西湖一侧，有个古香古色的庭院。门口一块大石，上面曾经镌刻着"湖畔大学"。我上次去的时候正逢江南梅雨，淅淅沥沥中，绿树如茵，草色青青。这所学校5年一共招收了254名学员，录取率为2%。学员平均年龄38岁，平均创业年限超过11年，创立的企业包括滴滴、快手、理想汽车、西贝、58同城、美年大健康、诺亚财富、饿了么、鱼跃医疗、Keep、小红书、完美日记、兴盛优选……这是一张年轻人耳熟能详的名单，几乎囊括了中国过去10年创业市场上最亮眼的存在。

2021年5月16日，湖畔门口石头上的"大学"被刮擦干净，停止当年招生。2021年5月17日，马云卸任校长，湖畔宣布将进行重组，更名为"浙江湖畔创业研学中心"。

"沧海一声笑，滔滔两岸潮，浮沉随浪，只记今朝。"[1]

这就是历史，无所谓荣光黯淡，都将过去。

这就是从历史到未来的路径，无所谓晴雨，但必须前行。

历史的圆舞：限电与电荒

2021年8月开始，长三角和珠三角就不断传来企业被"拉

---

[1] 许冠杰《沧海一声笑》。

闸限电"被迫停工的消息。9月中旬开始,东北居民的"电荒"上了热搜:因为停电,沈阳红绿灯失灵,交通大拥堵;长春孕妇爬20多层的高楼;辽宁一家企业因为限电,设备停机,导致煤气泄漏,23人被送往医院观察治疗。全国十几个省市都出现不同程度的电荒和工业限电,一股久违的"短缺感"扑面而来。

电力紧张其实不是新闻,起因是煤炭价格太贵。截至目前,风电、水电及太阳能发电等各种新能源都有不够稳定或者不够安全的问题,中国的火电占比仍然高达70%以上,煤炭是火电的命根子,而从2020年以来,煤炭价格持续飙升——这里面既有疫情因素,也有中国本身的市场机制因素。

中国的用电结构中,工业是绝对大头,达到65%左右,服务业和居民用电仅分别占17%和15%左右。从2020年下半年开始,出口接连创下新纪录,其背后是中国工业部门开足马力,用电量上升。和前文讲过的一样,(工业)供给的弹性远小于需求的弹性。此前几年,煤炭行业作为"落后产能"和"腐败重地"被清查整顿,加上强调碳中和、减排,煤场数量和规模都被严控;与澳大利亚交恶,进口煤量不足,自然供给不振,价格上涨,而价格上涨又刺激了市场的囤货套利行为。2021年上半年以来,很多人天天蹲在煤场囤货,只要出一车煤,就按长单兑付一车,运费自理,坑口交货,煤企只需简单朴素地挖煤数钱即可。

越涨越囤,越囤越紧,越紧越涨,煤炭市场很快形成了一个正反馈机制。但这个正反馈在电价这里被卡住了:"市场煤"和"计划电"这对冤家是中国火电行业的常态。火电企业的利润水平取决于发电机组的利用率、电价(决定销售收入)和煤价(决定成本)——电力属于公用事业部门,采取计划定价的方式,非常平稳,煤价占发电成本的70%——这就导致了发电的利润和煤炭价格成反比。业内有笑话说,煤企吃肉,电厂吃"翔"。2021年煤企吃肉吃出新高度,电厂很容易陷入"越努力越亏损"的局面,最终就导致了电力供应不足。供应不足不能按需分配,那就只好采取"配额供给制度"了。跟当年粮食不够有粮票,纺织品不够有布票其实是同一个道理。

火电行业也试图解决过这对冤家关系,进行过煤电联动等各种改革。但是到2015年后,政策面的两个转向又让这种联动陷入死循环:先是清洁能源成为主流,煤炭火电都开始去产能,接着民生问题成为政策关注焦点,降低工商业用电成本被写入政府报告。煤炭供给减少,价格上涨,电价作为民生项目连年下调,不但没"联动",反而逆行得更远。按照中国科学院地质研究所丁仲礼院士的说法,我们现在的能源结构处于一个"未立先破"的局面:新能源供给不够稳定,传统能源被限制供给,而对能源的需求随着经济增长还会上升,所以"换挡"期间很可能会产生短缺现象。

对,未立先破可能造成的短缺问题,不仅是火电行业的痛点,更可能是未来中国经济真正的忧虑所在。

从2012年、2013年开始，中国经济陆续进入各种新旧动能的"换挡"过程：从高速到中速，从制造业到服务业。这个换挡过程伴随着固定投资额大幅下降、经济易冷难热、社会融资额下行等难以避免的现象。开车换挡没换好很容易熄火，经济更是如此。在换挡期，要是弄错了立和破的顺序、强度，很容易从减速变成刹车。

更何况，换挡之后的产业结构变化很大，教育、医疗、科技、公共服务等高人力资本服务业的占比和重要性日渐凸显。这些行业本来就处于"供不应求"的状态，而且是"慢变量"，优质的供给方需要长时间的培育。所以，政策上暴风骤雨式的不立就破，很容易造成更大的短缺。比如教培行业的整顿、医药行业的治理……都多少存在类似的逻辑。旧机制的问题当然要解决，但是"破"和"立"中间总需要交替。

不出所料，电荒成了民生事件后，引起了更多的关注。2021年9月下旬开始，各级政府开始强力介入：山西、内蒙古的煤厂陆续开工、加班了，煤价被"限高"了，有些地方电价也上浮了点，煤炭资源计划调配开始启动了……无论如何，先将眼下就要来临的冷冬度过去。

但是，今年过了，明年后年呢？没有人知道确定的答案。而我看到的是，"价格"的信号作用在持续失灵中，让人不免忧虑，丰裕社会中，短缺还会来吗？

冬天来了之愿赌服输：恒大暴雷

2021年9月，即使是最迟钝的人，也多少感到了塞下秋来风景异。秋风微卷，寒意开始上涌。

不过，最感到"恍若隔世"的应该是许老板。就在4年前，他还是中国首富、中国房地产老大、恒大足球的老板。就连篮球，那时58岁的许老板也能打满全场，在几个身强力壮的小伙子中间游刃有余，连砍30分拿下恒大职工篮球赛MVP（最有价值球员）。

但即使是2017年登顶"中国首富"的高光时刻，许老板大概也没有想过自己有一天会得到中美日三国央行行长的"高度关注"：2021年9月22日，美联储主席鲍威尔表示，中国恒大集团的债务问题是中国特有的，美国没有太多直接风险敞口。9月29日，日本央行行长黑田东彦表示，不认为中国恒大集团的危机会给中国房地产市场带来广泛风险。10月20日，中国人民银行行长易纲表示，恒大的风险是个案，不会传染到其他房产企业，对金融行业的外溢性也可控。

三大经济体的央行掌舵人齐齐出马安抚市场，可见恒大的杀伤力非同一般。从9月12日恒大财富的数百名投资者围堵总部开始，恒大的资金链问题就像黑色咒语，所过之处，寸草不生。A股市场被搞得风声鹤唳、神经衰弱。9月20日，港股地产板块集体暴跌，2000多亿港元市值蒸发。港股暴跌拖累了美国，当天美股开盘，标普500指数下跌1.7%，中概股指数更是下跌3.36%。中国房地产的美元债市场直接遭遇恐慌性抛售。

不少投行券商的报告开始用"中国的雷曼时刻"来形容恒大，意思是恒大资金链的断裂很可能会带来多米诺骨牌效应，导致银行和下游企业被拖垮，交不出房，拖垮购房者，再传染到贷款机构……因为没有人真正搞得清恒大各种融资、嵌套下的杠杆率是多少，所以市场猜想，会不会像当年的雷曼一样，轰然倒下，杠杆断裂，将全球市场炸个粉身碎骨。

恒大的雷并不是新闻。2020年底，房地产资管新规"三条红线"一出来，很多业内人士就在饭桌上八卦过恒大的债务规模究竟多大，讨论的焦点是，政府究竟会不会"救"恒大。

拯救派有自己的道理。万亿元级别的债务规模，涉及银行、保险公司、基金公司、理财公司，还有上万亿元的表外债务，一个不小心就会搞出系统性金融风险。此外，还有包括几十家上市公司在内的上下游企业链，大多面临应收账款减值的问题，而这些企业都是业内风向标，牵涉整个产业链。小企业处境更艰难，很多或许就只能自认倒霉破产了事，然后又会导致失业和社会稳定问题。

放任派，包括我在内，更有自己的道理。恒大是流动性问题，并不是资不抵债的问题。这意味着，只要有拿着尚方宝剑的重组方，恒大的风险外溢就不会失控，尤其是买房人拿不到房子、工人工资被拖欠这种可能引发社会危机的风险，是可控的。在这个底线下，恒大的股权人、债权人和供应商链条可能有重大损失，但这毕竟是商业行为，盈亏自负也算公道。

最根本的问题是，救助恒大会给出一个信号：你只要胆子足够大，借的钱足够多，纳入债务网络的企业、机构和人数足够多，政府就难以坐视不管。

和很多民营房地产企业的起步一样，恒大也是"搏击命运"的产物。20世纪90年代末到21世纪初，恒大出手够准，胆子够大。21世纪初到2013年是中国城市化的黄金阶段，这个时段敢借债囤地的，都赚到手软。如果说之前的恒大还是一家标准的中国房地产企业，那么从2016年开始，恒大进入了"跨越式发展"的新阶段。

首先是债务规模逆风飞扬。负债规模从2015年的6000多亿元，两年涨了近三倍，直接涨到2017年的1.52万亿元。表内不够了玩表外。2021年，恒大负债达到1.95万亿元（表内）加1万亿元（表外）的规模，相当于海南省2020年GDP的近6倍[1]。

其次是"多元化"玩到极致。从2013年的恒大冰泉开始，物业、大健康、文化娱乐、新能源汽车……相关的、不相关的，只要是听上去时髦、好融资的，一股脑儿铺开，再辅以一套教科书级别的"杠杆大法"——表内的银行、商业汇票、应付账款、永续债、战略投资，表外的P2P网贷、ABS融资、关联交

---

[1] 2020年海南省GDP为0.55万亿元。

易……终于将自己打造成了一艘视觉效果超一流的"恒大航空母舰"。

这艘航空母舰有两大引擎：融资和腾挪。

恒大的融资手法足可以写本教科书。

比如商业汇票相当于利用上下游企业融资。恒大的商业汇票占全国市场的1/10。用借来的钱扩张成巨无霸，用巨无霸的行业地位绑架供应商，通过商业汇票和应付账款变相承担恒大的债务。截至2021年8月，商业汇票和应付账款高达6669亿元，涉及280个城市、上万家大小供应商——世联行与恒大之间的商业汇票余额高达5.51亿元；三棵树的应收款项5.62亿元中，有3.36亿元逾期。

恒大财富则是利用员工进行表外融资。套路并不复杂，将恒大的很多负债简单打包，找个小地方登记备案，摇身变成"回报率很高的私募产品"。恒大员工基本都有销售任务——然后员工家人、朋友一步步地被卷入融资链。越往后，资金需求越大，许诺的利率越高，庞氏骗局和传销的意味也越重，暴雷只是时间问题而已。

还有高息美元债。美元债本来是个好融资市场，由于国内政策对房产贷款的限制，很多有实力的房企转向这个市场。美元债平均融资成本率在8%左右，这样高的回报率很受欧美投资者欢迎，很多国际投行在里面赚了不少钱。但恒大出手气势不同，利率高达12%~24%——这样的利率，即使在房地产最黄金的年代也是惊人的，2018年以后这样发债，是不是有点钱多人傻呢？

事实证明，这样想才是太傻太天真。**除了殚精竭虑地借钱之外，恒大还有豪气干云的金钱腾挪大法。**

比如高息美元债就还承担着"内循环"的任务。自己人买了坐收超高利息，还不受外汇管制的气[1]。至于借的钱还不还得上，不是问题，能续上命就可以继续周转，谁管明天？毕竟现代企业制度是"有限责任"。

还有豪横分红大法：2009年至今，恒大集团累计净利润为1700多亿元，分红总额接近700亿元。2018年以后，即使疯狂借债，恒大也要先给股东高分红。几年下来，包括大股东家族在内的"大家"赚得盆满钵满。

还有成本大法，其中最神奇的"买买买、合合合、圈圈圈、大大大"的恒大汽车，前后投入超过3000亿元，一辆车也没造出来。投资去哪儿了？这问题的复杂度不亚于獐子岛的"扇贝去哪儿了"。中国市场的诡谲风云，真是不足与凡人道。

收高息债利息的时候真香，拿借的钱高分红的时候真香——说到底，这个市场上，都是绝顶聪明的人，明眼人谁还不明白风险？只不过是场赌局，赌恒大"恒大"，evergrande[2]。赌历史

---

1 2018年10月31日，中国恒大发布公告，宣布成功发行2~5年期合计18亿美元债，票面利率为11%~13.75%。其中，恒大董事局主席许家印主动认购10亿美元。
2 恒大的英文名，意为永远大。

从来一样,大而不倒,政府一定会救而已。更具有黑色幽默的事情是,光股权分红就拿了500亿元的许老板,在恒大的年薪仅为25万元,应适用20%的个人所得税税率。

这种疯狂加杠杆、拍案下注的个性曾经能带来巨大的财富,但终究不能长久——

根据香港土地注册处的文件显示,2021年10月19日,许家印用其在香港自住的布力径10号B洋房向中国建设银行(亚洲)做抵押,可套现3亿港元。2021年10月,《华尔街日报》引述知情人士所言,称恒大出售两架小型私人飞机,筹措到了急需的5000万美元现金,以避免美元债券违约。11月,海外新闻再度爆出,恒大正在为其拥有的一架大型客机ACJ330寻找买家。

没错,时代总要走到一个谁拍案下注、谁愿赌服输的时刻。

冬天来了之等待:房地产调控、房地产税改革、三季度经济下行

9月23日,秋分,我跟几个朋友吃晚饭,自然聊到了市场上的"恒大后遗症"。严格说起来,这不算恒大后遗症,而是"房地产调控综合征",只不过恒大的临门一脚将行业踢进了ICU而已。

说起来,中国房地产真是个太具有双面性的复杂生物了。

北京大学的徐远教授写了篇文章——《撕裂的房子——房地产研究的学术基础》。如果替过去几十年的中国财富历程写本《史记》，那么房地产肯定是最重要的"本纪"，没有之一。而"撕裂"两个字，就是围绕着这个本纪的悲欢离合百种人生，酸甜苦辣千般滋味展开的。

政府害怕房价涨老百姓抱怨，又担心房价跌老百姓闹事；怕地卖太好中间幺蛾子多，又担心地卖不出去财政吃紧；痛斥房地产太热，"挤压"了其他行业的资金空间，又恐惧房地产太冷，信贷收缩，经济下行，失业率上升；想要城区人口"疏散"，又烦恼交通压力；希望老百姓买房，安居乐业成为中产，又操心炒房食利影响安定，或者房贷太高压低生育率……

普通百姓盼着房价涨，家里资产升值，又等着房价跌，能上车或者买个两三套；怕"泡沫"，盼着政府调控，又担心政府调控，"泡沫破碎"；骂开发商牟取暴利，又羡慕房地产老板日进斗金；怕利率涨，扛不住房贷压力，又怕利率跌，房价上涨，买不起……

真真是"一片芳心千万绪，人间没个安排处"[1]。

从1998年开始的20余年，中国经历了人类历史上最大规模的城市化，城市房子作为城市化的载体，成为数亿中国居民的家庭财富基石。房地产业成为明星支柱行业，成为中国地方财

---

[1] 南唐·李煜《蝶恋花》。

政的顶梁柱，成为中国银行贷款的基本盘，也成为经济制"冷"和制"热"的抓手。之后，随着城镇化转为以大城市为核心的都市圈化，房地产进入分化年代——一套房子，大城小镇，海淀密云，朝南朝北，就将两个家庭的命运截然分流，推向不同的河道。撕裂的疼越发蔓延。房子是人生最重要的驿站，却也成了人生的枷锁。

中国房地产业的"行业本纪"以2016—2017年为分水岭：此前政府将房地产调控作为逆周期调节的关键抓手，经济下行就松房地产，刺激住房需求，推动房地产投资，企稳经济增长——1998年应对亚洲金融危机、2003年应对非典、2008年应对全球金融危机，莫不如是。但2016年之后，**政府逐渐放弃将房地产调控作为逆周期调节手段，而是把房地产看作需要长期调控的对象**。从"房住不炒"开始，政府希望弱化房地产的金融属性，强化其居住属性。比如说，2020年为了应对新冠肺炎疫情而放松房地产调控，就跟之前很不一样。这一次是从供给端入手，以延期缴纳土地金和税费、降低土地竞买保证金等方法，去缓解房企的流动性压力。但是，正如中国社会科学院张斌教授在《中国经不起房地产市场硬着陆》一文中所说，**即便如此，房地产仍然发挥着主导中国经济周期的重要职能，尤其是房地产投资和居民房贷的增长，是社会融资规模得以维持，总需求得以维持，经济得以稳定增长的重要力量**，房地产及其上下游对GDP增长的贡献仍然接近30%。[1]

但是这个分水岭也意味着，2016年之后的房地产行业进入了"高周转模式"时代。所谓高周转，就是指开发商加快开工，快速取得预售资格，然后用购房者的预付款支撑下个阶段的购地支出和新开工。在这个模式下，**房地产企业一是需要预售获得的充足稳定现金流，二是需要有充足土地储备支持新开工，三是需要拼速度**。拿地速度、从新开工到拿预售证的速度、卖房回款速度，都决定着企业的利润高低甚至生死存亡。自从碧桂园将这种"极致销售+疯狂拿地"的模式发扬光大之后，全国房地产行业开始了一场"速度与激情"的表演，看得见的后果包括：

其一，**土地价格飙升**。2018年之后，房产投资中的土地购置费占比从15%上升到30%。这意味着土地出让金收入逐年创新高，在很大程度上缓解了基层的财政压力。

其二，**居民部门成为房地产投资的重要资金来源**。个人定金和按揭贷款在房地产资金来源中的占比从2015年的38%上升到现在的50%左右。这意味着供给侧的银行信贷调控政策效果减弱，同时也意味着需求侧的信贷政策影响加大。

这两个后果和2020—2021年的房地产调控密切相关。一方面房价上涨，社会舆论不利，和中央大思路也不尽一致；另一

---

[1] 许宪春、贾海、李皎等：《房地产经济对中国国民经济增长的作用研究》，《中国社会科学》2015年第1期。

方面房地产周转的弦绷得越来越紧。2020年，为了对抗新冠肺炎疫情的冲击，房地产投资作为支柱，稳定了地方财政收入和宏观经济，但房地产的景气自然伴随着深圳等大城市房价的飙升，刺激了居民部门加杠杆的行为，有利可套，个别地区又出现了较为严重的违规贷款问题。

这种情况下，房地产调控升级，各种限购限贷，甚至直接限价的政策纷纷出台，其中2020年8月发布的房地产企业负债率"三条红线"给房地产企业套上了"紧箍"，房企开始主动降杠杆；2021年1月发布的房贷"两条红线"则给银行和居民套上了"紧箍"，将房地产行业的融资渠道（银行贷款和居民房贷）堵了个严严实实。据估算，有50%以上的开发资金受到明确限制，再加上2017年以来金融去杠杆，房地产的表外融资也被卡死。

进入2021年3月后，房地产调控加码，其他行业的"严监管"进一步加重了人们对房地产业的观望和悲观情绪。从市场看，房地产业入冬迹象明显：居民拿不到贷款买不了房，银行贷不了也不敢贷，房地产基本被断了供血。从投资看，新开工和销售等指标都迅速恶化。9月之后，受到恒大事件的影响，市场预期降到冰点。

2021年9月底的一个晚上，我正在闭关写稿。一个少年时代的好友连着给我发了七八条微信长语音。她是一家本省地产公司的总经理，能干不说，还长着一张足可悍靓行凶的脸，啥难事都能云淡风轻地摆平。这次声音这么急促焦虑，很不像她平时的风格。仔细听完语音，我明白了来龙去脉。

这几年，房企利润已经被地价挤压得极薄，加上地方为了房价稳定，各种限价，很多时候只能靠精装赚点钱。到2021年下半年，金融机构几乎停止了放款，公司资金的弦已经崩到极限。然后突然政策加码——每个区域价格要"限高"，高价格房子不允许网签，1万元每平方米的必须搭配个低价的拉低均价。不搭就不给网签，不给网签就没法销售，没法销售就只能眼看着资金链断裂，之前能用的融资渠道，在宏观政策、微观执行，以及预期恶化的几波冲击下几乎全军覆没——她自己每天喝几场酒，还要笑着鼓励员工。半夜跟我絮叨，也真是郁结已久。让她想不通的是，作为一个普通老百姓，控制房价她也赞同，但我们老家在全国省会城市中经济实力居前，房价倒数，要说泡沫实在轮不到我们。更重要的是，她说得有点委屈——这好几年了，起得比鸡早，利润似纸薄，纳税靠前，就业先锋，跟做公益事业一样，怎么还被弄得像成了坏人呢？

我沉默半晌，什么也说不出来。想安慰她，又觉得无力。

在关于中国房地产的理解上，一直有"捆绑认知"的倾向——房地产供需两侧都要加杠杆，是天然具有金融属性的行业，所以也很容易有金融业的毛病，热胀冷缩得厉害。比如华夏幸福、恒大，还有之前的绿地，都是在极细的杠杆上跳舞的类型。它们的现状，是金融去杠杆的结果。这是需要和政策调控下房地产业碰到的流动性问题区别开的。但是现实中很容易将概念捆绑，简单地思考问题。张斌等人估算，15%的房地产投资和销售下降，大约对应1.5个百分点的GDP下行。2021年的秋天，这个未知的风险似乎在逼近。

不过，批评终究是容易的。如果问我该怎么办，我大概也不知道什么是"更优路径"。可能我更相信"演化"的力量吧。当政策从"逆周期调控"转变为"房住不炒"，房地产行业也在从"增长工具"逐渐转变为"分配工具"。房产在大类资产中的地位也在从"股权产品"逐渐转变为"固收产品"；从追求收益逐渐转变为对抗通胀、平滑现金流——2021年，这个"逐渐"看起来要画个句号，中国房地产的"财富本纪"也要翻到新篇章了。

2021年10月16日，习近平总书记在《求是》杂志上发表《扎实推动共同富裕》一文，明确提出"要积极稳妥推进房地产税立法和改革，做好试点工作"。一周后的10月23日，全国人大常委会通过了《关于授权国务院在部分地区开展房地产税改革试点工作的决定》。酝酿了近10年的房地产税改革算是正式启动了。两天后的周一，A股上百只，以及港股一半的内地房产股都出现下跌情况。当天晚上，不同版本的"试点城市"和"适用税率"在各个微信群流传，甚至出现了10%这样神奇的税率数字，一时间不少人有点慌张。

我一个朋友匆匆打电话来，说上海挂牌的房子已经两个月无人问津了。这几日先生天天催她赶紧卖掉，说未来的上海房子就是日本现在的模样，赶紧沽清投入股权市场，迎接即将到来的股权时代……我沉默着听了30分钟，然后问了三个问题：

第一，房子在什么地方？答案是上海内环。

第二，你家究竟几套房？答案是加上住的一共两套。

第三，你们现在是否为还贷捉襟见肘、拆东墙补西墙？答案是否。

我想了想，不知道该怎么回答，下单买了自己在得到App上2017年、2019年和2020年上线的三门课程送给她，并将其中的房产部分勾画出来，跟她说，按照你们的城市、区位和资金状况，之前的逻辑没有什么变化。其实对大部分人来说，逻辑都没有太大的变化。至于真正的大资金，2021年，在业绩下滑严重的情况下，基金资金净流入极大，而且，大部分是往债券类和指数类产品走。资金，总是比我们想象的更聪明。

2021年三季度的经济数据出来之后，很多人感觉背心一冷：内需弱，外贸的基数已经极高，让人很难对接下来的增长再抱过高期望，基建和房地产投资都大幅下行……看起来一个能打的都没有。不过因为上半年经济增长数据太强，所以前三季度同比9.8%的GDP增长率并不难看。相比之下，美国放了几万亿美元的水，9月通胀已经到了5.4%的水平，也就录得一个前三季度5.7%的CPI（消费者价格指数）涨幅。看起来，全球都仍然在疫后的迷惘中跋涉。不过美股仍然节节创出新高。从2020

年初开始,我一个华尔街朋友的微信朋友圈就隔三岔五地发一条"道指、纳指、标普叒叒叒创新高了",这一年多内容基本没变,就是"叒"字多了不少。而中国的大A也罢,房地产投资也罢,只要是"投钱"的市场,就一片寂静。

变奏:立冬、EDG与消失的双十一

2021年11月7日,周日,我一早就被儿子闹醒,于是躺床上刷手机,知道了两件事。

第一,今日立冬,恰逢北京大雪,窗外白茫茫一片煞是好看。第二,EDG夺冠刷屏。我大概知道他们参加了一个电竞大赛,但是不明白大家为什么如此激动。团队中的"00后"跟我解释,这就是他们这一代的"奥运"和盛事,全国高校昨晚一个样,山呼海啸的。我想想,大概跟我们大学宿舍当年为中国男足冲出亚洲举着火把狂欢游行差不多。一名"95后"的女生则告诉我,电竞已经正式成为明年亚运会的项目了。团队中的"90后"《魔兽世界》《DOTA》玩家纷纷现身,撇着嘴嫌弃EDG说,"操作越来越简单,越来越依赖团队"。接着,身边的"70后""80后"《星际争霸》玩家也浮出水面,相互握爪。

网上有段子说,昨晚不睡刷EDG的是年轻人,早上起来看雪景百度"EDG"的是中年人,发立冬和雪景图的是老年人。看看自己朋友圈,还真是立冬派和EDG派,两大阵营泾渭分明。

窗外，2021年北京的第一场雪，来得分外的早。

我在阅读器上随手翻书，无意中打开了茨威格的《昨日的世界》，正好是他引用的莎士比亚的话：

"让我们泰然若素，与自己的时代狭路相逢。"

11月10日，房地产股全线大涨，房地产信贷开始有放松迹象。网上开始盛传沈阳放松限购，以及各家银行加快投放按揭贷款，展期不算违约，并购贷款不计入"三条红线"的消息。朋友给我发了条消息："现在放贷好快了，政府部门甚至组织搜集滞留情况，统一向金管局协调。"

11月11日早上，我忽然意识到"双十一"就这么过去了。我购物车里还孤零零地放着几件货品，都忘了下单。大约就在三四年前吧，"双十一"还是我们这个时代最醒目的标志之一，新消费、新零售、新物种……一切都是新的。沧海桑田不需要30年，3年就够了。

直播、疫情、平台、竞争、年中无休的折扣、迷恋"新营销"的"新品牌"，都像烟花一样，见证着时代的来去起落。

中午跟一个房地产行业的朋友约在家门口吃饭。坐下来，顺手点了两壶清酒。忽然觉得不对劲，抬眼互相看看，了然一笑，叫来服务员，换成了大麦茶。我问朋友对行业前景的看法，她沉吟了一会儿，举起茶杯，说了句很官方的话："算是等待一个长效机制吧。"我低头看看手里的大麦茶，问："我们年轻时不喝这鬼东西吧？"

她笑了，跟我碰碰杯："世界长大了，我们也他妈的老了。"

是啊，我们和我们的时代，有生之年，狭路相逢，终不能幸免。

"有生之年，狭路相逢，终不能幸免。手心忽然长出纠缠的曲线。懂事之前，情动以后，长不过一天，那一年，让一生改变。"[1]

---

[1] 王菲《流年》。

下卷

—

未来地平线
那些即将影响我们的财富变量

用 5 个专题阐述未来财富变量

China's Economy
in Mid-Age

第七章

通胀篇：
大缓和还是大转折？

你不能永远总是对过去也许会发生的事耿耿于怀。

——[日]石黑一雄《长日留痕》

毋庸置疑，通胀，即通货膨胀，是2021年全球财富现象的关键词。

一季度美国长期国债指数创下近50年来的最大跌幅；大宗商品价格飙升，截至9月底，原油、煤炭、铜、铝的价格比2020年3月都涨了一倍或两倍，欧洲天然气更是涨了10倍；美国房价暴涨；全球粮食价格上涨30%，非洲21%的人口面临饥饿；10月初，中国车主迎来年内第13次油价上涨，家庭主妇感到蔬菜越来越贵；美国孩子拿不到圣诞树和圣诞玩具；美国最大的仓储式超市好市多宣布对卫生纸、清洁用品、瓶装水实施限购；从新车到二手车都一车难求；比特币价格开启疯狂上涨，冲上6万美元的历史高点；中国A股市场蛰伏多年的周期股迎来大爆发，股价上涨60%……

2021年，我们听到、感受到的经济现象，或直接或间接地，都跟通胀有千丝万缕的关系。

在一个遍布价格标签的商品社会，通胀就像风，风动幡动；

风不动，心动，幡也动。

沃尔克之问：通胀去哪儿了

CPI通常用来描述一个国家居民消费和服务的价格水平[1]。我们平时说的通胀率，一般就是指CPI的增长率。这个增长率过高，就是商品和服务价格涨得过快。历史上，高通胀是政府的头号敌人：第一次世界大战后，德国为了偿付战争赔款，不得不开动印钞机，马克快速贬值，国内民不聊生，民粹主义高涨，推动了后来希特勒上台；中国抗战胜利后，国民党政府本来声望正隆，结果几年间兵败如山倒，民心全失，也与1946—1949年的恶性通胀密切相关；近年来委内瑞拉经济大幅倒退，5年间15%的人口偷渡逃离，同样是因为高达年涨1万倍的通胀问题。

现代各国中央银行的一个重要目标就是"盯住通胀"。每个国家的央行都有一个比较理想的目标通胀率，美国是2%，中国是不超过3%。所以一般来说，如果超过这个数，央行就可能出台货币紧缩政策来打压通胀。比如说，提高基准利率，这就意味着所有资产的折现率都会提高，这对债券、股票、大宗商品市场来说都是利空消息。所以很多时候，央行不需要真的出手加息，光是加息预期的波动，就足以令资本市场风声鹤唳。

---

[1] 中国的CPI涵盖食品烟酒、衣着、居住、生活用品及服务、交通和通信、教育文娱、医疗保健、其他用品和服务等8大类、262个小类的价格。

但是在2021年之前的30年，对于欧美主要经济体来说，通胀已经是一个过时的话题。有一张特别有意思的漫画——美国基准利率[1]随着美联储时任主席的身高一路下降。20世纪80年代初的美联储主席沃尔克身高约2.06米。1987年，身高1.80米的格林斯潘接任美联储主席，并在这个职位上一直待到2006年。其后的美联储主席伯南克身高1.72米。再之后的耶伦身材娇小，身高只有1.52米——4位主席任内的基准利率从10%以上降低到4%左右，再到2%，再到0左右的水平，和身高的下降差不多同频。

20世纪70年代至80年代初，美国通胀率一直在3%~13%的区间内上蹿下跳，那是著名的"滞胀"时代，经济停滞、通胀高企。经过沃尔克的铁腕治理后，通胀回落，经济重回正轨。1992—2006年，美国通胀率平稳走低，一直保持在2%~3%。与此同时，GDP增长率也稳定在3%左右的水平。这一时期被美联储前主席伯南克等经济学家称为大缓和（Great Moderation）时代，意思是摆脱了经济大幅波动的困扰，通胀温和，经济稳健增长。2007年次贷危机之后，美联储为了支持经济，自2008年底至2014年10月，先后出台3轮量化宽松[2]政策，通胀也有过短暂上行。2008年7月，CPI同比增长一度达到5.6%，但在2008年11月之后很快回落到2%以下的水平，同时还伴随着长

1　又称美国联邦基金利率，指美国银行间同业拆借市场的利率。
2　即央行将基准利率降低到0附近后，向市场上的金融机构大量购买债券，来增加货币供给。

期在高位波动的失业率。

换句话说，从2009年开始，美联储更担心的是通缩的压力。不仅是美国，其他发达经济体乃至全世界的CPI，在1996年之后都大幅下降。OECD[1]国家的通胀率再未超过4%。2013年，沃尔克来北京大学做讲座，课后在未名湖畔跟一位年轻学者散步聊天。走着走着，这位身高2.06米的巨人停下来，半是询问半是自问："通胀去哪儿了？（Where is the inflation？）"

是啊，通胀去哪儿了呢？

放在2012年，这对于中国学者来说还是个陌生的问题。就在2011年，中国正面临来势汹汹的通胀，年度CPI增长5.4%，食品价格一年涨了11.8%。再往前的20年，中国一直是易热难冷的体质：政策的龙头稍松，经济立马热到发烫，增长率经常冲上两位数。从20世纪80年代到2008年，我们起码面临过5次严峻的通胀压力。最严重的1994年，通胀率曾高达24%，当年大米、玉米、小麦的价格都上涨了一倍以上。老百姓疯狂地囤商品，我记得我妈连白糖、菜油都抢购了好多。

但历史就是这么捉弄人：从2012年、2013年左右开始，中国宏观经济也进入了"易冷难热"的时代。从经济发展阶段来说，工业化高潮已过，资本密集型行业贷款需求下降，而人力资本和技术密集型行业信贷本身就弱。信贷下降带来全社会购

---

[1] 经济合作与发展组织，简称经合组织。

买力下降，总需求不足，导致价格涨幅偏低而不是偏高。[1] 2012年之后，中国的CPI增长率一直维持在3%以下，衡量商品出厂价格的生产者价格指数PPI的增长率，在大多数年份甚至是负的。即使在美国面临通胀压力的2021年，中国的CPI增长率也始终徘徊在1%左右的水平。今天的中国学者，不得不面对沃尔克的拷问：

通胀去哪儿了？

沃尔克这个问题的确是一针见血，因为他明白，答案就在他站立的土地上。他期望有人能同样理解，the answer is China。

对，答案是中国。

这一阶段，中国供给成了世界通胀的压舱石。20世纪80年代后，中国融入全球化浪潮，开始了快速的、超大规模的城市化和工业化进程，形成了以长三角和珠三角为中心的"世界制造中心"：截至2021年，我国制造业增加值连续11年位居世界第一。手机、计算机和彩电产量更是占到全球总产量的90%、90%和70%以上。在此期间，中国为世界提供了源源不断的廉价商品，从供给端抑制了通胀。同时，众多跨国公司纷纷在中国设厂，将生产环节外包，雇用大量中国廉价劳动力，降低生产成本，消除因工资上涨等因素给本国带来的通胀压力。一个有意思的数据是：20世纪90年代以来，美国经济对进口的依赖

---

1 张斌：《从制造到服务》，中信出版集团2021年版。

度不断增加，进口商品金额从1990年到2020年增长了近4倍，但进口商品的价格指数却基本没有增长，30年累计仅有15%，年化增长率只有0.5%。换句话说，在进口商品上，美国人民30年前1美元的购买力和30年后几乎没怎么变。30年没涨价！而我国在2001年加入WTO（世界贸易组织）后，对美贸易额大踏步前进。2008年之后，在美国的进口商品中，中国制造占据了20%的份额。[1]

同一时期，技术进步的摩尔定律[2]也勒紧了通胀的缰绳。

1995年，中国城镇居民一年人均可支配收入是4288元。当时我们团队的李惠璇博士家里买了一台售价5000元的海尔冰箱，她逗自己的小女儿说："买冰箱把家底花光了，咱们家没钱了。"4岁的小姑娘听完恐惧得大哭了一中午。而2021年，买一台质量不错的家用电冰箱，价格在2000～3000元。当年，一台移动电话"大哥大"动辄上万元，是奢侈和身份的象征，而2021年，2000元就能买到功能齐全的智能手机。电子电器等消费品是技术进步降低价格最显著的领域，而这正是这几十年中

---

[1] 文献证明全球化降低了通胀。国际货币基金组织（IMF，2006）研究表明，全球化有效降低了贸易品的价格。平均而言，1998年和1999年，进口价格对降低膨胀率的贡献约为0.5个百分点。全球价值链的扩张导致了各国生产者价格通胀的同步化，并增强了国际间的价格溢出效应（Auer et al.，2017）。而在这一波全球化中，中国以其巨大的体量和超高增长率成为绝对主力。

[2] 1965年，英特尔创始人之一摩尔提出了著名的摩尔定律：集成电路上可容纳的晶体管数目，大约每隔18个月便会增加一倍。也就是说，微处理器每隔18个月性能提高一倍，或价格下降一半。在这之后的半个多世纪，在IT技术以及电子电器制造领域，摩尔定律都发挥了魔力。

消费品类中增长最快的领域之一。

技术的相对价格不断下降，也降低了各行业的生产成本。随着成本的下降，企业购买更多计算机、软件，引入新技术，进一步加速技术推广和成本下降。美国经济学家约瑟夫·戴维斯研究发现，自2001年以来，技术进步（计算机、电子产品、信息技术等）对通胀的影响大约拉低了年均通胀率0.5个百分点。如图7-1所示，美国CPI细项的长期变化也说明了这一点：可贸易品中，服装、玩具的价格大幅下跌；汽车、家用电器的价格基本长期维持不变，但因为质量持续改善，所以经质量调整的价格水平也是下跌的。相反，本地商品，例如食品、住房，以及依赖本地人力资本的教育、医疗服务，价格则都是上涨的。

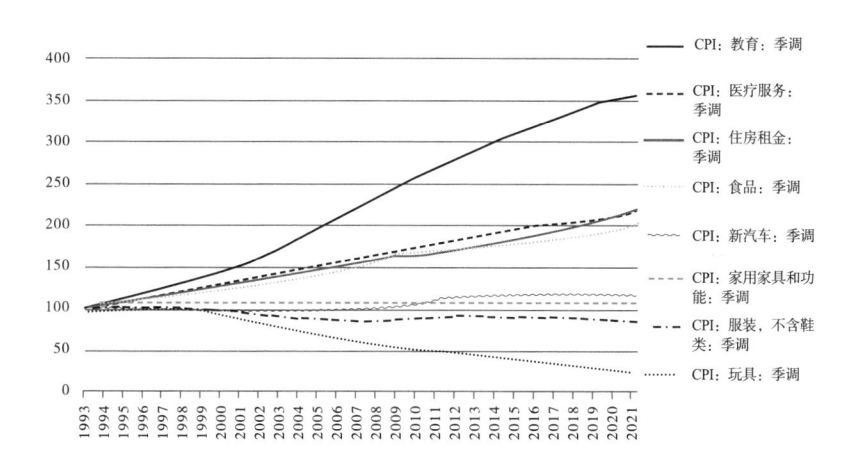

图7-1 1993—2021年美国CPI细项（1993年=100）

注：数据来自Wind数据库，由团队成员整理而成。

中国的情况也类似，工业制成品、食品、服务的价格波动规律有很大差异：家用电器等工业制成品领域，供给弹性相当大，厂商们常常大打价格战来争取消费者。所以同等质量的工业制成品，价格是持续下跌的。而农产品易受天气、疫病等外生冲击影响，生产周期较长，供给能力也天然受土地和人力等条件限制，因此，农产品价格经常坐上过山车，价格波动幅度极大，"豆你玩""蒜你狠""姜你军""火箭猪"的现象轮番上演。而优质供给稀缺的教育和医疗服务的价格，则持续上涨。1997—2019年，虽然我国CPI年化增长率仅有1.91%，但"学杂托幼费"CPI年均上涨5.29%、医疗保健服务CPI年均增长率4.83%。

除了中国供给和技术进步之外，另一只卡住通胀的手则是货币政策。

1979年，沃尔克就任美联储主席，面对11.3%的通胀率和没精打采的GDP增长率，决策当局陷入左右为难的境地，加息怕经济下滑，不加通胀实在惊人。但人高马大的沃尔克意志坚定，认为只有强有力的货币紧缩措施，才能解决美国当时的通胀问题。他使出雷霆手段：上台不到10天，就直接将基准利率从10%提高到15%。1980年4月，联邦基金利率达到前所未有的19.96%。沃尔克的这一手段，导致了短期内的严重经济衰退，还不起贷款的农民，开着拖拉机堵在美联储总部大楼前，咒骂沃尔克的货币紧缩政策。但是，长痛不如短痛，1983年，美国通胀率下降至3.2%,为之后的刺激政策留下了足够的空间。从1982年开始,美联储渐渐放松了货币政策,经济开始恢复增长,失业率也降了下来,美国经济又进入了良性发展的阶段。更重要的是,从此企业主和家庭也更加信任美联储的货币政策,建立了低通胀预期,奠定了大缓和时代的基础。也正因此,直到几十年后,美联储的高级官员还撰文盛赞沃尔克"为20世纪80年代和90年代的长期经济扩张奠定了基础"[1]。

经此一役,美联储更是将物价稳定放在首位,及时调整货币政策,显著稳定了通货膨胀预期,缓解了通货膨胀的波动。全球各国央行也纷纷效仿,将"控制通胀"作为央行的重要政策目标之一。

在这几个因素的叠加影响下,通胀似乎成了一个古老的名词。只要中国供应链稳定,全球化不停,货币政策不走极端……更准确地说,只要需求和供给两侧不发生结构性的重大改变,大概率我们就还会处在低通胀年代。

2021:通胀之新冠并发症

但数据不会说谎:2020年下半年开始,大宗商品价格率先抬头。2020年最后两个月,原油价格上涨了30%以上。2021年

---

[1] 美国圣路易斯联储银行前行长威廉·普尔在2005年的一篇文章中所言。

1—4月，原油、铜、铝的价格都上涨了30%左右，合成橡胶和塑料的重要原材料苯乙烯价格更是暴涨47%。大宗商品涨价很快传导至生产端，4月，中国的生产者价格指数PPI同比增幅突破6%。在能源、房租及汽车、家电等耐用消费品的拉动下，5月美国CPI同比增长率达到了5%的高点。通胀也蔓延至欧洲、拉美各国，巴西9月的通胀率达到了10%以上。

面对持续数月突破5%的通胀率，美联储却并没有改变政策方向的意图。4月之后的数次美联储议息会议声明，均提及通胀高企是由"暂时性（transitory）"因素导致。8月的Jackson Hole全球央行年会上，现任美联储主席鲍威尔的结论是："目前没有广泛的通胀压力"以及"过去30年的通缩压力仍然盛行"。

但临近冬天，全球能源危机进一步加剧了通胀压力。10月，欧洲天然气期货价格一天之内飙升了22%，中国动力煤价格半个月上涨了30%。美联储内部对于"通胀暂时论"也出现了越来越多的分歧。10月12日，亚特兰大联储银行行长拉斐尔·博斯蒂克公开表示，2021年通胀飙升的持续时间比决策者预期的要长，所以将这种价格上涨称作暂时的，这一说法是不合适的。2021年10月，美国CPI增速达到6.2%，面对这个30年来通胀的历史高点，美联储的表态也出现了微妙的变化，11月开始缩减量化宽松规模。11月底，一直坚持"通胀是暂时现象"的鲍威尔首次松口，声称可以放弃"暂时性"这个说法，并表示要加速退出量化宽松的进度。值得注意的是，这些看上去久违的超高通胀数值，部分是由2020年的低基数导致的。受疫情影响，2020年5—7月的美国CPI同比增幅都没有超过1%。比如说，2021年6月，美国CPI同比增幅高达5.4%，但如果与2019年同期相比，2020年和2021年两年的平均增幅其实只有3.0%。但不管怎么说，2021年的美国的确出现了通胀。

为什么多年之后，美国的通胀之虎咒会出于柙？

我们让镜头切回到2020年初，疫情开始引起严重的经济衰退。2020年4月，美国失业率飙升至14.7%，创20世纪30年代经济大萧条以来的最高纪录。而美国家庭储蓄率普遍偏低，一旦失业，很可能陷入"弹尽粮绝"的境地——根据皮尤研究中心的调查，77%的美国低收入人群表示现有积蓄不能撑过3个月。而美国职业咨询网站Zety.com调查发现，至少三成的受访者甚至愿意卖血换钱来维持生计。

为了挽救经济、托底民生，美联储与美国财政部均"火力全开"，推出规模空前的刺激计划。财政刺激计划主要有3轮：2020年3月的2.2万亿美元财政刺激法案（CARES法案）；2020年12月的9000亿美元新冠肺炎疫情纾困法案；以及2021年3月的1.9万亿美元经济救助计划[1]——总额高达4.8万亿美元，主要

---

[1] 2020年3月的2.2万亿美元CARES法案是美国历史上规模最大的财政刺激计划。内容包括向中低收入人群（年收入低于7.5万美元的个人或者年收入低于15万美元的家庭）一次性发放每人1200美元。失业救济金领取时间从28周延长到39周，28周内每周增加600美元，达到1200美元，高于美国正常非农就业的每周工资981美元。2020年12月的9000亿美元新冠肺炎疫情纾困法案，为大多数美国人提供600美元的一次性救济金和每周300美元的失业补贴。2021年3月的1.9万亿美元经济救助计划给予每人1400美元的救济金。

用于给中低收入个体和家庭发放现金补贴、提高失业补助，为企业提供救助资金和税收优惠，向地方政府和医疗卫生系统发放补助。财政刺激计划的资金主要通过国债发行筹集，所以美国国债总额在疫情期间[1]增加了5.2万亿美元，增幅高达27.4%。这么巨量的国债，是谁在买单呢？

答案是"美联储"。2020年3月，美联储宣布开启无限量的量化宽松，准备"不限量"地根据需要买入国债和MBS（住房抵押贷款债券），此外，还将向雇主、消费者和普通企业提供3000亿美元的贷款，以支持美国企业和家庭应对新冠肺炎疫情的冲击。疫情期间，美联储持有的美国国债增加了3.1亿美元——新增部分有60%都是由美联储买单的。[2] 新冠肺炎疫情的冲击，让争论了N年之久的"财政货币化"，就这么被打开了黑匣子。

所谓"财政货币化"，指的是央行通过发行基础货币弥补财政预算内赤字，更简单粗暴地说，就是央行印钱给财政花。"财政货币化"是个悖论较多的话题。因为直接印钞容易引发通胀，传统理论上对此持反对态度。1995年颁布的《中华人民共和国中国人民银行法》明文规定："中国人民银行不得对政府财政透支。"

现在，央行调节货币供应量的主要方法之一，是在二级市

---

[1] 指2019年12月到2021年9月中旬。
[2] 此外，美国的共同基金、银行、地方政府也扩大了持有美国国债的规模。

场买卖国债。理论上这与"央行直接印钱给财政花"存在本质区别：一个是借，钱是要还的；一个是拿，财政赤字没有什么底线约束。但是在实践中，假设央行"无限量、大规模"地买入国债，买到债台高筑，几乎没有还钱的可能性时，其实也就是类"财政货币化"。

近年来，全球主要经济体都面临着总需求不足的问题，不管是低利率还是量化宽松，通胀都没有起来。通过财政货币化，让财政支出刺激总需求的讨论开始逐渐抬头。2020年4月，中国财政科学研究院院长刘尚希在一次会议上提出"可以考虑财政赤字适度货币化"[1]，以缓解当前财政困难。尽管措辞上又是"可以考虑"，又是"适度"，非常小心谨慎，但"财政赤字货币化"七个字还是触动了央行官员和学者们敏感的神经，遭遇猛烈抨击。央行前行长周小川、央行货币政策司司长孙国峰、财政部财科所前所长贾康等纷纷站出来反对。央行研究局课题组也发文强调说："财政和中央银行的职能边界模糊，甚至财政凌驾于中央银行之上，'大口袋里套小口袋'，就会出现货币超发和通货膨胀。"[2]

但是，在大洋彼岸的美国，新冠肺炎疫情引起经济衰退后，政府采取超大规模财政刺激，美国国债规模扩张5万亿美元，美

---

[1] 2020年4月27日，刘尚希在中国财富管理50人论坛与中国财政科学研究院联合举办的"当前经济形势下的财政政策"专题会议上的讲话。
[2] 中国人民银行研究局课题组：《党领导下的财政与金融：历史回顾与启示》，《中国金融》2020年第11期。

联储狂揽3万亿美元。耶伦话里话外只要能付息就行，实际上已经滑入"财政货币化"的边缘。

5万亿美元是什么概念呢？以2020年全球的黄金价格和产量计算，相当于全球持续生产25年的黄金的总价值。美国一年财政就花了这样一个天文数字。

很多人可能会疑惑，居民补贴需要这样巨量的资金吗？——根据几次财政刺激方案的规划，我稍微计算了一下。这次"低收入人群"的线划得非常宽松，2019年个人收入低于7.5万美元或者家庭收入低于15万美元的都算，而美国家庭年收入中位数是6.87万美元，所以，这个补贴基本上是雨露均沾，大部分美国人都能拿到。

拿多少呢？不同的州略有不同。以失业补贴最高的马萨诸塞州为例，一对家庭年收入10万美元的夫妇，如果幸运地在疫情期间都没有失业，可以领到6400美元以上的现金补贴。如果夫妻双双失业，则能领到7万美元左右的现金。即使在补贴最低的密西西比州，也能领到4.2万美元左右[1]。这个补贴水平，考虑到税收、交通、应酬等费用，可能比正常工作一年的到手收入

---

[1] 根据美国劳工部2019年底的数据，美国人平均每周可获得378美元的失业救济金，但各州之间存在差异。密西西比州最低，平均每周213美元。马萨诸塞州最高，平均每周555美元。2020年3月的CARES法案将失业人群领取失业保险的时限由28周提升至39周，每个失业者每周还可多领取600美元，持续4个月。因此，如果马萨诸塞州的一对夫妇在2020年4月初失业，则至少可以领到失业救济金2×（1155×16+555×23）=62490美元，再加上6400美元的现金补贴，约为7万美元。如果密西西比州的一对夫妇在2020年4月初失业，则至少可以领到失业救济金2×（813×16+213×23）=35814美元，再加上6400美元的现金补贴，约为4.2万美元。

还要高。

就这样，在高额财政投入和天量货币放水之下，美国出现了经济危机中的奇观：美国居民的收入不但没有下降，反而大幅攀升。2020年全年，美国居民可支配收入增长了7%，而在没有疫情的2019年，美国居民收入的增幅也只有3.7%。2021年第一季度，美国居民可支配收入（季调，折年数）同比增长更是达到16.6%。

手里有钱，疫情管控，不怎么能出远门"浪"，又不能看电影、下饭馆、泡吧，那干什么呢？买买买。但是食品等必需品的收入弹性低，有钱了你也不能吃十个汉堡啊。那些没钱时只能看买不起的（学名"收入弹性高的"）耐用消费品自然成了目标——2021年前三季度，美国居民的服务消费支出仍然比疫情前低3%，但耐用消费品的支出相比疫情前大涨29%。

这真是一个奇特场景——不工作也能丰衣足食，经济恢不恢复都能支撑消费。尤其随着疫情管制的放松，居民需求也大幅膨胀。所有的耐用消费品中，二手车涨得最疯：2021年6月，美国二手车价格同比上涨了45%，以一己之力直接"撬动"了CPI中1.14个百分点的增长。市场出现了"二手车价格超过新车"的景象，车主卖掉自己开了几年的车，扣除还贷的钱，还能小赚一笔。

为什么美国消费者不去买新车，反而追捧旧车呢？这就要说到"供给不足"的问题了。

只要有收入，需求可以快速恢复，但**全球供应链缺乏弹性，难以在短期内快速复原和扩张**。尤其是在很多仍受疫情影响的发展中国家和地区，工厂被迫减产或停摆，产能难以完全释放，加上国际贸易受阻，严重影响了供给。需求大热而供给不足，价格上涨，推高通胀水平。

汽车行业是其中的典型。过去30年的全球化早已让全球供应链变成了命运共同体，牵一发而动全身。而汽车供应链就是产业链最长、全球化程度最高的行业之一：一台汽车的生产涉及上万个零件，并且早已形成了全球化的采购，一旦上游的个别或部分供应商停摆，汽车生产的整条供应链就可能出现断链危机。

疫情中，全球汽车产业链经受了好几次摧残：

首先是2020年初，**中国新冠肺炎疫情暴发**。作为全球汽车零部件生产的大本营，我们有10万余家本土汽车零部件企业，生产全球80%以上的汽车零部件，供应各大车企的全球工厂。中国生产一停，全球几乎所有车企都会受到不同程度的影响。2月初，由于疫情导致中国供应商无法正常出货，现代、起亚、通用等车企都面临零部件短缺或者断供，被迫暂停多个国家工厂的生产。日产因为有800多个零部件在湖北省生产，被迫暂停日本九州地区的生产线。

2020年3月，中国疫情基本得到控制，但海外疫情却开始暴发。福特、通用、雷诺、沃尔沃、宝马等国际知名车企都陆续宣布关闭全球各地的工厂。仅2020年前9个月，欧盟范围内的产量损失已达401.4万辆，约为2019年总产量的22.3%[1]。

2020年下半年，主要汽车生产厂家陆续复工后，又开始面临"缺芯危机"。这件事说起来真的像一副多米诺骨牌：疫情发生后，主流车企都调低了销量目标，上游芯片企业和晶圆厂家也跟着调低了全年的芯片生产计划。然而，美国的大放水刺激了耐用品消费，汽车市场开启增长趋势，晶圆厂却无法在短期内扩大产能，"缺芯"很快成为各大车企的心头之痛。一位整车厂的高管说得心酸："最紧张的时候，咱们这些平时衣冠楚楚的人拎着大箱现金，像警匪片一样，在黑市24小时蹲点扫货，采购高价的芯片，所有的努力，都只为一个目的——让生产线继续转动。"

芯片问题还没有解决，2021年6—8月，新冠变异病毒德尔塔毒株又肆虐东南亚。尤其是马来西亚，从5月底官宣全国"封城"，直至10月初才基本解除旅行管制。而马来西亚是全球半导体生产重镇，半导体封装测试产能占到全球的13%，聚集了英特尔、AMD、英飞凌、意法半导体等一批芯片巨头企业。8月，一家拥有3000名员工的芯片封装厂有上百人感染，20多人死亡。部分芯片供应商进入减产、停产状态。本就十分脆弱的全球汽车供应链再次被击垮，特别是对东南亚供应链有较强依赖的日本汽车厂商。丰田汽车被迫宣布9月、10月将分别削减40%的原计划月度产量，总共将减产约70万辆。

---

[1] 数据来自欧洲汽车工业协会（ACEA）。

你以为这就完了吗？不，这还只是产能问题。接下来推高价格的因素还有**全球航运危机**。

在全球疫情持续反复的冲击下，全球航运系统已经满目疮痍：停工、减产、运行效率低下、货运量激增、劳动力短缺等各种问题让全球各大港口都出现了"大堵塞"，许多港口都有数万集装箱堆积。2021年9月，美国洛杉矶港和长滩港所在的圣佩德罗湾船满为患，有艘船等了近一个月还没有卸货——类似的景象在全球不断上演，从美国的洛杉矶港、长滩港，到荷兰的鹿特丹港，中国的舟山港、上海港，拥堵在全球持续蔓延恶化，引发了运价飙升的连锁反应。

仅2021年前9个月，衡量海运成本的波罗的海干散货指数（BDI）就上涨了两倍多，与2020年5月最低点相比，增长10倍多。具体来说，一个从青岛港到波兰的货柜，正常情况下海运时间38天，各种费用大约1万元。目前最少需要70天，费用则是3万~4万元，涨了三四倍。从上海到洛杉矶的一个标准集装箱的运费，也比2020年同期上涨了329%。

由于产业链最长、全球化程度最高，汽车行业在这场疫情引发的"产能不足，运力不足，价格飙升"并发症中受灾最重。新车市场一车难求，价格高企。加价提车、排队等车、加配置，或者半强制性的融资计划……花样百出。新的没有，旧的也要——旺盛的需求开始迅速转向二手车，引发了美国二手车市场自2005年到达巅峰之后再也没有出现过的盛况。

2021年6月,汽车价格飙升,燃油价格上涨,光这两项就解释了美国CPI同比涨幅的60%——鲍威尔和耶伦大概从来没想过,新泽西州一间车行的起落,会跟自己的职业生涯发生如此紧密的关联。蝴蝶翅膀扬起的地方,人类从来无法预测。

2021—2022:通胀的"走钢丝"时代

虎兕出柙了,还会重回笼中吗?

经过2021年不断被市场教育,越来越多的机构开始对通胀的前景悲观起来。美联储面对高达5.4%的CPI涨幅淡定如初的态度,让机构们感到,政策制定者开始越来越忽视通胀和债务负担,有了货币宽松保驾护航,财政刺激可以持续让需求保持高位,推高价格[1]。

更早些时候,摩根士丹利对长期通胀也表示了不乐观的态度:疫情后社会贫富分化的局面加剧,中美博弈持续,全球左转,出现一些民粹主义的苗头,迫使很多发达国家逆全球化,转向国内投资,接受更高的劳动力工资水平,从而提高通胀水平[2]。

还有更严肃的学术讨论。2021年的畅销书《人口大逆转:老龄化、不平等与通胀》,作者是英国著名的经济学家查尔

---

[1] 2021年6月德意志银行的报告《通胀:主导近十年的宏观叙事》(*Inflation: The Defining Macro Story of This Decade*)。
[2] 2020年5月摩根士丹利的报告《通胀的回归》(*The Return of Inflation*)。

斯·古德哈特和马诺吉·普拉丹。不过，中文版译者的身份更有趣，20世纪90年代校园民谣的领军人物之一、现在的中央财经委员会办公室副主任廖岷，和他的年轻合作者——国家外汇管理局首席经济学家缪延亮。大概因为2020年七人普之后"人口逆转"问题太敏感，加上译者之赫赫大名，市面上一时洛阳纸贵。书中主要观点十分新颖：人口的结构性变化是影响通胀的一个长期因素。随着中国老龄化社会的到来，会导致劳动力有效供给下降，推高工资水平，从而提高长期的通胀水平，结束温和通胀时代。而2020年的新冠肺炎疫情，可能加快了这个拐点的到来。

我喜欢这种将社会变化纳入经济问题思考的方式，毕竟经济是一门社会科学，需要在一个开放的框架下，以动态演进的眼光来分析。但既然是开放框架，就未见得会有一个确定性的结论。比如说，老龄化确实会减少劳动力供给，但老龄化更会导致总需求下降，而这对通胀是最大的抑制。日本进入深度老龄化社会已经有很长一段时间，但是连零利率都无法刺激需求，西欧也面临类似的问题，人口老龄化反而导致通货紧缩。再加上人工智能与机器替代普及化，"有效劳动力"的概念是否需要修正，也是一个未知变量。至于全球化逆转，我个人认为是一个伪命题。历史的趋势只会被暂时减缓甚至转向，但是不会改变。平台监管不会改变平台成为未来主流组织模式的趋势。全球化的门开了，也很难再次关上。政治意识形态的分歧和商品/服务全球化是两个不太一样的概念。

各种因素此消彼长，综合起来，中长期通胀拐点能否出现，并无定论。

至于2022年的通胀水平，可以从美联储的货币政策中发现蛛丝马迹。2020年8月美联储更新的《长期目标和货币政策策略声明》（Statement on Longer-Run Goals and Monetary Policy Strategy）里面有句话："（美联储）将寻求实现长期平均2%的通胀目标。"

这句话很体现美联储的政策语言水平："2%"重申了美联储的立场并没有发生"大转弯"，而"长期"则给足了政策空间——语义足够模糊，可以随疫情和经济甚至选举情况的变化进行不同诠释。

2011—2020年，美国通胀率的两个指标——CPI和核心PCE（个人消费支出平减指数）增幅在大部分年份都低于2%，所以为后面几年留出了一定空间。假如我们将10年作为一个计算长期平均通胀率的区间，那么美联储可以容忍2021年5.9%的CPI增幅与核心PCE增幅，也可以容忍2021—2023年这3年平均3.2%的CPI增幅、2.9%的核心PCE增幅[1]。截止到2021年

---

[1] CPI是国际通用的评判通胀的主要指标，但美联储会更关心核心PCE，不过在绝大多数情况下，CPI和核心PCE的波动趋势是一致的。核心PCE会考虑消费者消费支出对价格的反应，更符合实际，也剔除了受外生冲击影响较大的食物和能源因素。
2012—2020年，美国的CPI增幅均值为1.6%，核心PCE增幅均值也为1.6%，因此，如果将2012—2021年视为一个10年区间，则当2021年CPI增幅、核心PCE增幅均为5.9%时，10年平均通胀率才会达到2%。
2014—2020年，美国的CPI增幅均值为1.5%，核心PCE增幅均值为1.6%，因此，如果将2014—2023年视为一个10年区间，则2021—2013年CPI平均增幅为3.2%、核心PCE平均增幅为2.9%时，10年平均通胀率才会达到2%。

9月，美国月度CPI增幅最高为5.4%，平均CPI增幅为4%，尚在美联储的容忍范围内。但是10月的CPI增幅环比突然上涨0.9%，同比增幅达到6.2%，创下1990年以来的新高——

这意味着，新冠肺炎疫情的几个后遗症——供应链受损、劳动力短缺，以及因放水而膨胀的需求，都无法在短期内彻底解决。一方面，疫情的不确定性、中期选举带来的刺激冲动，会对通胀造成上行压力。另一方面，供应链的调整、刺激政策力度的减缓，以及2021年高通胀抬高了2022年的价格基数，这些因素又会形成2022年抑制通胀的力量。刺激和抑制的两种力量会交织博弈，2022年，美联储势必要面对一个"走钢丝"的通胀局面，在高位颤巍巍努力维持就业和物价的平衡。

关于中国目前的情况，最热闹的一个词叫"滞胀"，也就是经济停滞加通货膨胀。不管是"滞"还是"胀"，都有一定的证据支持。

从2021年6月开始，经济数据一片惨淡，工业增加值、投资、消费、出口的增长都在下滑；虽然出口增长还维持在两位数，一些中小出口商却叫苦连天——原材料价格大涨，他们却不敢涨价，为了留住客户，还要自掏腰包支付部分运费，企业利润反而变薄了；7月，全国城镇调查失业率为5.1%，而16~24岁人口失业率高达16.2%，900多万高校毕业生面临史上最难就业季；7—8月，国内疫情多点暴发，暑假这个旅游旺季又泡汤了；加上恒大出事，房地产调控加码；电荒，制造业生产受阻；三季度GDP同比增长4.9%，低于预期——看上去确实是够"滞"。再看PPI，一路走高，5—9月同比增长都在8%以上，10月飚至13.5%。截至10月中旬，煤炭、液化天然气的价格都比2020年同期涨了一倍多，柴油、铜、锡的价格也涨了50%以上。起码在生产端，是出现了"胀"。

但如果将取景框放大，我们就会看到不太一样的局面。

2021年一、二、三季度，中国分别录得18.3%、7.9%、4.9%的GDP同比增长率，这意味着即使四季度经济增长下滑到3.7%，2021全年GDP增长率也能站稳8%——要是8%的增长率还叫"滞"，那要多少才叫"适宜"呢？再看通胀的更常用指标，CPI同比增长率，年初2个月是负数，而3—9月一直徘徊在1%左右。配上萧索的社会零售总额，2021年8月仅同比增长2.5%。消费者信心指数也一路下滑。

琢磨一下，生产者价格指数PPI上行，居然传导不到CPI，这意味着什么？细思极恐：内需严重不足。2020年底我们讨论过，疫情加剧了收入的分化，高收入阶层没有受到冲击，所以疫后消费反弹动力也不足，而那些在消费上对收入极其敏感的中低收入阶层受损较大，消费下行。这个逻辑非常简单，100万元年收入的家庭收入涨到110万元，不会在消费上有巨大改变，而10万元年收入的家庭收入下降到9万元，是真需要节衣缩食的。

2021年，我很推崇的一位宏观经济学者张斌写了一本书《从制造到服务》，阐述了中国经济自2012年以来"易冷难热"

的原因——中国全面开启了从制造到服务的结构转型。2012年之前的快速工业化时期，钢铁、机械、地产等很多行业都处于野蛮扩张状态，企业大胆借钱投资，购买机器设备，产生了大量存款和信贷，是超级造钱发动机。央行货币一放水，造钱发动机就加足马力，经济就过热。而2012年之后，传统工业的"低垂之果"已经基本被摘完，面临的是产能过剩的问题，造钱发动机熄火了。虽然新兴服务业有投资需求，但它们缺乏土地、厂房等抵押品，在我国由银行主导的金融体系中，难以获得信贷。这些问题都会导致总需求不足，造成通货紧缩的压力。这个趋势不变，中国经济面临的主要问题就是冷，而不是热。[1]

除了这个长期结构性因素外，再回来看短期。2021年中国的通胀率不会超过2%已成定局。除了前面提到的内需不足外，另一个重要原因就是猪肉价格便宜。2005年之后，CPI中的非食品通胀率一直稳定保持在3%以下的水平（考虑到中国强大的生产能力，这并不奇怪），所以中国CPI的波动主要来自食品，而食品通胀率则与猪肉价格密切相关——我国猪肉价格存在一个周期性波动规律，受生产时滞影响：从母猪配种到生猪出栏，

---

[1] 这里要说明一下，这段话并不意味着中国没有滞胀的风险。最近从房地产到各类高端服务业都有大刀阔斧严监管的趋势（金融去杠杆、教培整顿、医药集采）。在涉及经济安全和社会公平的民生问题上加强监管，这本身无可厚非。但是考虑到中国政策出台往往讲究快速推进，在文件表述上通常比较高屋建瓴，缺乏具象的执行准则，所以基层落地过程中容易出现层层加码的现象，造成这些行业的产能缩减。而这些服务行业的产能不像工业，其恢复过程会非常缓慢而困难，需求却具有相当的刚性，一旦供给不足就会出现价格持续大幅上涨的情形，从而让经济陷入既"冷"又"热"的局面。

需要一年以上的时间。2019年，受到非洲猪瘟、环保限产政策等因素的影响，生猪价格暴涨两三倍。高盈利的生猪养殖业吸引了大量资本进入，一年之后的2021年上半年，生猪供给快速反弹，将价格打压至10月初10.78元/公斤[1]的低点。目前生猪供应还在持续增长，如果没有疫情等重大外生冲击，到2022年春节前后反弹概率不大，之后则可能进入上行通道——这意味着，中国2022年的食品价格可能会逐渐抬头，推高通胀。而且，2021年PPI居高不下，但是因为需求太冷，传导不到CPI，2022年随着需求逐步回升，高PPI会部分传导到CPI，加大通胀压力——所以整体上，中国2022年的通胀风险在积累中，面临着很大的不确定性。中国货币当局和投资者需要应对的，可能也是一个"走钢丝"的通胀局面：既要保证一定的经济增速，又要提防"二师兄"作祟，还要操心上游生产部门价格过高，影响供给，从而推高通胀。

当然，就像货币宗师弗里德曼所说，"通货膨胀无论何时何地都是一种货币现象"[2]。通胀率不过是个数字，操控它的缰绳，始终在央行手里。写到这里，我的耳边忽然响起了郑钧悠悠荡荡的歌声：

"你是一匹野马，我想驾驭它，你是一匹野马，谁能驾驭它。"[3]

---

[1] 全国22个省市生猪平均价，来自中国畜牧业信息网。
[2] 出自弗里德曼20世纪80年代的演讲《钱与通货膨胀》(*Money and Inflation*)。
[3] 郑钧《马》。

第八章

二级市场篇：
没那么简单

我们看错了世界，反而说它欺骗了我们。

——［印度］泰戈尔《飞鸟集》

2021年8月，我跟一位优秀的基金经理喝茶聊天。他告诉我一件挺让人诧异的事情——和往次的市场回调不太一样，2021年很多基金亏成了狗，基民也没有挤兑赎回。上半年基金增量资金反而高达8000亿元，其中几家头部基金都有数千亿元资金涌入。这一来证明了中国资产管理市场确实仍在走上坡路，可以进入资本市场的存量资金还有相当大的规模；二来大概证明了A股市场的投资者确实在逐渐接受"长期价值投资"的理念。

到底什么是"价值投资"？多长时间叫长期？不同发展阶段、不同宏观背景、不同政策环境下，"价值"的概念会一样吗？当"民族复兴，共同富裕"成为未来发展的主要线索，数字平台、医药、教育培训等民生相关行业监管趋严，茅台这种高端白酒还是价值投资的标的吗？价值会不会灰飞烟灭？当半导体国产替代成为大势所趋，芯片作为一个"坡长雪厚"的赛道，算不算价值投资的标的？当2030年碳达峰、2060年碳中和成为确定目标时,新能源赛道算不算价值投资的标的?当中国快速进入老龄化社会,优质的创新药公司又算不算价值投资的标的?

这些问题其实没有标准答案。1000个人心里有1000个哈姆雷特,1000个价值投资者心里也有千百种价值投资的定义、策略。更何况,在不同的时间节点,同一个投资决策可以在"对"和"错"之间彻底切换。对于投资者来说,时间是玫瑰,但也常常是玫瑰上的刺。

好生意,坏投资:差异化与技术周期魔咒

作为"工业时代皇冠上的明珠",汽车制造业曾被彼得·德鲁克称为"工业中的工业"。它被视作国家制造业现代化水平的衡量标准,不仅自身的市场容量巨大,而且产业链向上可延伸至汽车零部件制造业以及上游的基础工业,向下可延伸至汽车销售、维修、金融等服务贸易领域。站在2021年看,电动车是一个确定的未来:全球电动车的市场占有率只有6%,行业的高增长是未来几十年的确定态势。美国拜登政府提出了一个2030年电动车50%渗透率的目标,欧洲国家更激进,挪威等北欧国家甚至提出2025年全面禁售燃油车的目标。

确定的成长逻辑带来了超高的估值,引无数英雄折腰:由特斯拉掀起新一轮造车竞赛后,传统车企,诸如大众、丰田、

比亚迪，以及新势力苹果、恒大、百度、华为、小米等纷纷入局，令人眼花缭乱。

看起来这是长期价值投资者的福音：安心躺平在这个上行赛道上，等一波时代红利即可。不过，在下结论之前，我们不妨回看一下历史。

1876年，世界上第一台真正意义的内燃机被制造出来。1885年，德国人卡尔·本茨研制出世界上第一辆汽车。1913年，福特开创了汽车流水式作业的生产方式，大幅降低成本，美国家庭用900美元就可以买到一辆属于自己的汽车。到了20世纪20至30年代，汽车逐渐走入美国中产家庭。这个行业直接将马车送进了博物馆，并将工业技术、能源革命、气候变化等推上舞台。据美国汽车研究中心估计，汽车行业每1个就业岗位可以带动零部件等附属行业的7.5个就业岗位。越来越多的人看到这个世纪性机会，大量人才、资本涌入这个行业。巴菲特说过，他手里有一份当时美国汽车和卡车制造商的名单，长达70页，数量至少超过2000家。但是大半个世纪之后，美国市场上只有通用汽车、福特汽车和克莱斯勒汽车这三家公司幸存下来，而且长期的投资收益并不尽如人意。

如果投资福特汽车股票，持有半个世纪，也就是从1956年到2019年，年化收益率为7.8%，和标普500指数持平；如果投资通用汽车股票，从1926年到2008年，价格仅涨了10倍，年化收益率3%，远远落后于标普500指数的6%，2008年次贷危机中，通用汽车还经历了破产重组。投资日本和德国的汽车股票也大同小异。丰田汽车的股价近30年涨了4倍，年化涨幅5.6%；燃油车时代的霸主大众汽车，近30年来股价的年化涨幅也只有6.6%。换句话说，投资汽车行业，即使是龙头企业的股票，也只是跟投资国债差不多——从1990年到2020年，30年中，美国的10年期国债年化收益率平均也有6%。

为什么？因为任何一个产业，越是拥有确定性的未来，竞争就越激烈，最终的赢家也就越不确定。从产业投资者的角度来说，这是一场开疆拓土的封王之战，赢家将站上世界之巅；而从二级市场投资者的角度来说，汽车这个产品的差异不大，找到赢家比找到输家要困难太多。对此，巴菲特有个精辟的说法：“这个时候，与其做多汽车，不如去做空马匹。”

除了汽车行业外，航空业毋庸置疑也是世界上最伟大的行业之一。它改变了人口流动的速度，拓展了人类的领域，让世界变得更紧密……但是，自从全球第一次成功载人飞行，即雏鹰号首航以来，航空公司的股东净收益却是负数——你能叫上名字的航空公司都申请过破产保护。很多航空公司永远退出了历史舞台，比如拥有近百年历史的哥伦比亚国家航空公司、南非最大的国际航空公司南非航空、意大利第二大航空公司意大利航空，以及澳大利亚第二大航空公司维珍澳洲航空。数据表明，航空业是美股历史上最差的板块：1980—2020年的40年里，航空业总涨幅仅为9倍。而同一时期，标普500指数涨幅为33倍，纳斯达克指数涨幅为55倍，计算机行业涨幅为142倍，制药行业涨幅为173倍，饮料行业涨幅为220倍。

世界上每天都有数以千万计的人口飞来飞去，这是真正"长坡厚雪"的赛道，理应为航空公司带来巨大的财富，可为什么航空业却成为百年美股最差的板块？

答案还是"差异化"。

由于航线固定，飞行速度基本固定，航空公司能提供的产品差异不大。而从"乘机"这种消费的角度来说，绝大部分人的关注点在于从出发地到目的地的成本，具体选择哪家航空公司，除非服务有巨大差异，否则在决策中的分量并不重。在一场均衡博弈中，航空公司必然会打起激烈的价格战，机票的价格无限接近成本，否则就会有竞争对手来抢生意。同时，由于行业竞争太激烈，最后只能靠政府管制才得以生存，一旦政府管制放松，就会严重损害股东的利益。20世纪30年代，由于美国航空业竞争加剧，机票价格被定到接近成本价甚至低于成本价来抢夺顾客，政府迫不得已，只能通过《民用航空法》限制新企业进入，限制价格竞争。

这个场景是不是让你隐隐觉得有点似曾相识？作为一个需求巨大的万亿级市场，中国快递业至今仍保持着每年20%多的行业增长率。光看成长性，没有几个行业能与它媲美。然而，这么大的一块蛋糕，却做成了没人赚钱的生意。究其原因，就是我们这些消费者，归根结底，只关心快递配送的成本和时间——快递巨头们打造差异化的成本很高,也就没有了超额收益。参与者要么另辟蹊径,走出差异化,要么被迫内卷血拼。理解了这些,也就理解了为什么顺丰的股价会腰斩,为什么"四通一达"[1]这么难赚钱。

这是一个了不起的行业,却不是一项可以赚得盆满钵满的投资。行业前景不等于股东回报,行业的成长性与公司的成长性不能简单地画等号。巨大的需求,未必能转化成所有相关企业的现金流。实际上,我们会发现,对于二级市场投资者来说,越是在一个有确定成长性的行业,越难挑中赚钱的企业。这样的赛道上,确实有少部分真正理解行业的人能赚到大钱,但是对于大部分"普通"投资者来说,这件事的难度可能远远超过我们的想象。

2012年,《中国企业家》杂志为光伏的十年繁荣做了一段高度概括的总结:

> 过去十年来,如果有一个行业笼罩的光环能与互联网相媲美,一定是光伏;如果有一个行业的造富能力能与互联网相媲美,一定是光伏;如果有一个行业吸引资本的能力能与互联网相媲美,一定是光伏;而如果有一个产业激发地方政府的追逐热情超过房地产,一定还是光伏。[2]

---

1 指申通快递、圆通速递、中通快递、百世快递(原百世汇通)、韵达快递五家民营快递公司。
2 周夫荣、戴喆民、邓攀:《双雄早衰》,《中国企业家》2012年第20期。

的确，光伏的产业逻辑无懈可击：符合能源替代的趋势，拥有巨大的下游需求，还符合国家发展战略，政治上高度正确。但是再仔细琢磨一下，从无锡尚德，到赛维，到汉能集团……光伏龙头却是不断升起陨落。十几年来，眼见他起高楼，眼见他宴宾客，眼见他楼塌了。

为什么这个行业的远大未来，却没能在投资业绩上体现出来呢？

和汽车、航空业的逻辑类似，光伏行业提供的是相对标准化的产品，很难实现差异化。用户最终关心的是每度电的成本，所以这个行业最终是效率竞争。长期来看，只有某些真能做出高效率光电转换产品的企业才能生存下来——这对用户是好事，对投资者则未必。而且，从终局来看，由于同质化程度高、投入周期长、价格战激烈、小企业容易逆袭，即使企业好不容易活到了最后，可能也就是获得一个平均的超额收益。段永平在2012年曾说，光伏的产品"以后很可能就是发电厂"[1]，看起来正在一语成谶。

除了产品（服务）缺乏差异化外，光伏行业投资还有个致命的弱点：技术周期的伤害。硅片行业的技术路线更迭非常迅速，从保利协鑫的多晶硅，到汉能的薄膜，到隆基的单晶硅……当下的优势产能，过两年就可能变成落后产能，这逼着

---

[1] 2012年6月，段永平在雪球上答网友问。

企业不停地投入大量的研发和资本支出，否则就会被时代抛弃。而且，产品的生命周期太短，龙头的地位也往往没那么稳固——这正是为什么即使隆基目前在单晶硅领域占据稳固的优势地位，市场依然只敢给出40倍左右的估值。

技术周期导致的"伟大行业，平庸投资"在另一个我们熟悉的行业更为显著：过去几十年，半导体行业取得了持续而巨大的效率提升，极大促进了生产力，给人类社会带来巨大的福祉。没有摩尔定律，现在的我们就不可能用上智能手机，不可能使用扫地机器人，更不可能在得到App进行课程学习。然而，尽管投的是第四次工业革命的大脑，半导体行业的投资者并没有从这个伟大的行业中获得伟大的回报。1980—2020年的40年间，美国半导体指数仅涨了约30倍（年化收益率8.9%），远远落后于纳斯达克指数的57倍（年化收益率10.6%），尤其是20世纪90年代后，美国费城半导体指数的年化波动率[1]高达36%，而纳斯达克指数和标普500指数的年化波动率分别只有28%和16%。也就是说，在每一波行情开始的时候，半导体指数冲得更猛，但在行情结束的时候，也跌得更狠。

半导体行业的技术进步是由摩尔定律驱动的。当价格不变时，半导体芯片中可容纳的元器件数量约18个月便将增加一倍。换言之，每1美元所能买到的电脑性能，将每隔18个月提高一倍。

---

[1] 收益率标准差的年化值。

而投资回报率如此平庸，很大程度上也是因为摩尔定律，所谓"成也萧何，败也萧何"。随着芯片上集成的晶体管数量每18个月的翻番，创新能力驱动着电子产品性能飞速提升，成本迅速下降，结果每个晶体管的价格也直线下降。所以，尽管行业以极快的速度在进行技术创新，生产者却并没有得到应有的奖励。半导体技术创新的大部分利益被返给了下游用户，而不是投资者。[1]

在2021年之前的几年中，A股市场计算机硬件行业的股价走势远远好于软件。这和这几年的政策倾斜有很大关系：一方面，"十三五"国家战略新兴产业发展规划，集成电路和软件所得税优惠政策，国家集成电路产业投资基金一、二期等，以"市场+基金"的方式全面鼓励和支持半导体产业；另一方面，反垄断政策出台，阿里、美团等软件龙头分别吃到了巨额罚单。

得益于优惠政策，硬件行业在股价上相对于软件行业取得了暂时性优势，但产业政策却没有改变商业模式的本质。美股漫长的行业历史经验也提醒我们，无论从资本开支、折旧压力、库存压力，还是从技术周期的角度，商业模式更佳、自力更生的软件龙头都更容易在长跑中胜出。

所以我们总是说，太阳底下没有那么多的新鲜事。很多伟大的行业，最后不过是平庸的投资。很多确定的产业趋势，看

---

[1] 除此之外，半导体行业的周期性也是个大问题。年景好的时候，产品价格上涨，公司增加产能，同时大批新的参与者涌入。而拉长时间来看，由于过量的资本总是在周期顶部进入，这种不均等的权重也加大了行业的投资损失。

起来是诱人的机会,也可能会由于各种原因变成财富的陷阱。今天我们面对的很多新产业和新问题,究其本质,只不过是燃油车、飞机、单晶硅、半导体穿上了新的外衣,重演昨日的剧情罢了。

行业前景和投资收益率并不能完全画等号。因为行业的前景基本决定于需求端,而二级市场的投资收益很大程度上还取决于供给端。供给端的因素,决定了行业龙头能否持续保持竞争优势,甚至扩大竞争优势。从燃油车、航空业,到光伏、半导体……在这些"坡长雪厚"、拥有巨大需求的行业背后,是拼杀惨烈的供给端。同质化的产品、深度内卷的价格战、快速迭代的技术进步,都可能是人类的福祉,但却是利润的梦魇。

坏生意,好投资:人性的弱点

我们一直说,投资是一件符合人性的事情。要尽量回归常识来理解投资。但现实中,我们会经常忘记,人性到底是什么。

有一只股票,如果你1926年在它身上投1美元,然后把每年分红再投在这只股票上,那么2019年底,这1美元就变成了136万美元。换句话说,这只股票在过去近100年里年平均回报率高达16%。作为对比,如果你当时拿这1美元投资标普500指数,那么它现在值1033美元,年化收益率7.6%——这不是虚构的故事,这只股票属于一家真实存在的美国公司。按沃顿商学院杰里米·西格尔教授的说法，人类历史上没有任何一家公司能与其媲美。这到底是家什么公司？聪明的你猜猜看？

科技公司？金融公司？石油公司？

都不是。这家公司名叫奥驰亚（Altria），是一家烟草公司——万宝路就是它的产品。尽管从20世纪20年代到21世纪20年代，创新、进步、科技发展让人兴奋不已，但没有任何一个行业的投资回报率高于烟草。更不可思议的是，烟草行业已经衰退了几十年：2021年，美国的吸烟率还不到20世纪50年代的一半，人口的增长也不足以抵消吸烟率下降的影响。美国香烟消费总量自从1981年见顶，达到6400亿支后，到2013年已经下降了58%。未加工烟草消费总值在20世纪60年代最高达到24亿美元后，到2019年已经跌到4.7亿美元，跌幅高达80%[1]。从出货量角度看，烟草行业这几十年中也是美国最不景气的行业之一。奥驰亚能够在这种情况下获利，取得惊人的回报率，真是不可思议。

有熟悉烟草行业的朋友可能会问，这是不是因为香烟价格的上涨呢？香烟价格涨幅确实是物价涨幅的5倍，然而这一点并不能完全说明问题。涨价的主要目的是抵消烟草税，在美国的一些州，烟草税占了销售价格的1/3甚至更多。

究竟烟草股票为什么会获得如此惊人的回报呢？下面要讲

---

[1] 此处以国际美元计算。

的真相非常反直觉。

首先，在美国，烟草行业非常政治不正确。烟草股和赌博、枪支并列，被称为"罪恶股票"。大多数投资者不愿与烟草行业沾边，一些养老金甚至被禁止投资烟草行业。除此之外，这几十年里，烟草行业还面临着持续的起诉，所以数百万投资者选择回避它。低迷的投资需求让烟草股票估值保持在很低的水平——虽然估值水平不高，但它利润水平极高，所以持续数十年高分红，给投资人带来了惊天回报。换句话说，这种股票长期维持的低估值和高分红使得它的超额收益率能持续很长时间，越往后走，越是时间的朋友，累积回报率越高。反而那种正能量拉满的行业，被市场炒热后，估值水平居高不下，很快超额收益归零甚至转负，导致股价翻车。

其次，烟草行业根本没有创新性。创新永远令人振奋，因为创新会带来新产品、新市场，以及新的未来。然而，正如我们前面讲的，创新的另一面是破坏。光伏行业的更新换代，让万亿产能瞬间一文不值。电子产品消费者的喜新厌旧，让企业不得不马不停蹄地推陈出新，整个行业不停烧钱做研发，每隔几年必须推出革命性产品。然而，一家公司能够连续10年、20年、30年都踏对时代潮流的概率是非常低的。基业长青的台积电、德州仪器、阿斯麦只是少数，从恒忆到东芝存储，市场对一些曾经杰出的创新公司一样残酷无情。在一个不断变化的行业，很少有一家公司能够存活10年以上。而烟草公司常年生产同一种产品，现在的产品和50年前的没什么两样。它们不创新，也没必要创新。这是一个无聊的守旧行业，但这样的无聊和守旧对投资者来说却是美好的。

这种行业的龙头企业，往往是真正的市场常青树，能够几十年甚至几个世纪也不倒闭。20世纪80年代，奥驰亚公司凭借成功打造的万宝路品牌，一举成为当时全球第一大烟草公司：在美国的香烟市场占有率高达50.5%，旗下万宝路一个品牌的市场占有率就达到了37%。2021年，万宝路依然占据垄断地位，在美国香烟市场占有率高达41%，比排名其后的8个品牌市场占有率之和还高。40年过去了，奥驰亚的统治地位不但没有下降，反而进一步提升。而且，为了维持这种统治地位，奥驰亚没有投入巨大的资本开支、研发费用，或者巨额的广告费，更不需要发起价格战与竞争对手争抢份额——这种竞争优势就是二级市场投资人梦寐以求的"护城河"。

在行业直线下行的大背景中，奥驰亚的盈利能力不断上升，净利率从1970年的5%，达到了2018年的55%。55%是什么概念呢？2010—2020年，美股前100大公司的平均净利率为8%。一些垄断型的科技公司，如微软、苹果、阿斯麦、英特尔的净利率可以达到20%~25%。像辉瑞、可口可乐这些大家印象中的"印钱机器"，净利率都不到20%。而像AT&T这种电信巨无霸、埃克森美孚这种石油巨头，净利率都不到10%——刚才提到的所有企业，都在某种程度上垄断了其所在行业，利润率都高于平均水平。所以，奥驰亚55%的净利率是绝对的暴利。

说到这里，你会发现，二级市场上真正的牛股，其实不需要动辄翻番的利润增长，不需要爆发式的行业红利，只需要长期稳定的投资回报率，以及在行业中稳定的地位，不断地滚雪球扩大优势，最终维持长期稳定回报，创造复利奇迹。这样的公司通常出现在没有创新、看重品牌力、格局稳定的行业，比如烟草、手提包，或者饮料等传统行业。

A股中与奥驰亚最相近的公司，无疑是贵州茅台。二者的性质颇有几分相像：都生产成瘾性的产品，也都曾经饱受争议；都拥有众多黏性客户，也都定位最高端赛道，看不到竞争对手。最终，它们都成为超高净利润的企业，伴随它们的是源源不断的现金流和无可比拟的长期股东回报。

值得一提的是，奥驰亚曾经面临的政策压力甚至远高于茅台。烟草行业自20世纪70年代开始便不允许打广告，健康方面的诉讼赔偿也是天文数字……但这一切都没有阻挡奥驰亚成为一只百年百万倍股。但是也要看到，行政力量在中美两国股票市场的影响力不可同日而语。茅台、五粮液这些高端白酒公司多是国有企业，除了企业的经营性目标外，利润的分配上也需要服从和配合国家的战略和目标，所以这个变数需要进入长期投资的考量。

1900年以来，全世界的创新层出不穷，改变了人类社会的轨迹和命运：1901年我们发明了无线电，1903年我们让第一架飞机上天，1907年我们开始使用塑料，1928年我们开始用青霉素拯救生命，1942年我们发明了核武器，同时威胁也保护着人类社会的安全，1946年我们创造了第一台电子计算机"埃尼阿克"来计算炮弹轨迹，1957年我们奔向太空，1978年我们让第一例试管婴儿成活，1990年我们有了第一例基因治疗案例，2019年我们再次创造了独立量子计算机……人类社会日新月异，然而在股票市场上，所有的新技术、新行业，统统败给了一支"有害健康"的香烟——

所以啊，投资，并不是那么简单的事。

泡沫在哪里：找到估值锚

电影《后会无期》中，苏米说："从小听了很多大道理，可依旧过不好我的生活。"这句话大概是对绝大部分普通投资者最恰如其分的描写。在所有关于投资的理论中，"泡沫"是深入人心的：听上去很深刻，适合喝酒吹牛，又形象又生动还通俗易懂，很适合当成失败投资决策的靶子。中国房地产泡沫、比特币泡沫、美股泡沫、新能源泡沫、5G泡沫、茅台泡沫……继续涨是泡沫越吹越大，往下跌是泡沫破碎，无论哪个方向都能自圆其说。

一般谈论泡沫的时候，我们其实不知道什么是泡沫。对"泡沫"（bubble）这个词赋予经济学含义，可以追溯到苏格兰学者查尔斯·麦凯的《大癫狂：群体性狂热与泡沫经济》一书，作者在书中用"泡沫"一词对1636年荷兰的"郁金香狂热"做了形象的比喻。通常有一个默认的原则，即当一个资产的价格远远超过其内在价值时，那么这个资产就存在泡沫。

现在问题来了。

什么是内在价值？按照格雷厄姆和多德的说法，一项资产的内在价值是其未来所有现金流的贴现之和。聪明的你应该已经发现这个定义的盲区了——很多东西压根儿就没有现金流呀。

没错，对于没有现金流的资产而言，泡沫根本就无从谈起。被誉为继格雷厄姆、巴菲特之后的第三代价值投资大神的塞斯·卡拉曼在《安全边际》（Margin of Safety）[1]一书中对投资品和投机品进行了区分，他简单粗暴地认为，凡是不能带来现金流的，都是投机品。不管是黄金、比特币，还是艺术品、古董，它们都不能为持有人带来现金流，持有的回报完全取决于扑朔迷离的买卖市场。虽然有时投机品的价格和一些指标有相关性，比如黄金的价格走势很大程度上和实际利率相关，比如艺术品的价格和品位相关，当然"品位"也是一个无法衡量的虚词，这使得艺术品的价格更加不可预知。但不管怎么说，这些资产的价格大多时候取决于人们的信念，即大家相信它们值多少钱。卡拉曼认为，参与投机，相当于在参加一个"博傻"游戏，只

---

[1] 塞斯·卡拉曼是对冲基金公司Baupost的总裁，对价值投资有深刻研究，其代表作 Margin of Safety 一书难求，在eBay和亚马逊上卖到了上千美元。

能盼望有一个更傻的傻瓜以更高的价格从你手中买走资产。如果找不到一个更傻的傻瓜,那么你就是那个最后的傻瓜。

卡拉曼的观点当然不无偏激的成分,毕竟1971年美元脱钩黄金之后,主权货币本身就已经完全是信念的产物了,再考虑到2005年之后社交媒体的发展让叙事更加流行,信念的形成和破灭更加容易,在这些资产上的交易行为是博弈还是博傻便很值得商榷。但是,他确实讲到了一个非常重要的二级市场投资工具:**估值锚**。

所谓估值锚,本质上就是**资产的现金流贴现**。所以,只有像股票、股权、债券、房地产这些有现金流的、能够找到估值锚的资产,才有资格谈论"泡沫"。

怎么找到估值锚呢?

最理想的方式就是计算未来现金流的贴现值,即内在价值。在股票中,有自由现金流贴现公式;在债券中,有债券现值定价公式;在房地产中,有戈登公式。它们可以归结为一个共同的表达式:

$$V = \sum_{t=0}^{\infty} \frac{D_t}{\prod_{i=0}^{t}(1+r_i)}$$

其中,r为贴现率,D为自由现金流/票息/房租。如果能够计算出内在价值V,那么就可以直接比较V和价格的大小——如果价格远远高于内在价值,那么说明资产存在泡沫风险;反之,如果价格远小于内在价值，那说明资产有足够的安全边际，是理想的价值投资对象。

问题是，在大多数情况下，我们很难准确计算"未来自由现金流"，也没法准确计算出贴现率。贴现率取决于无风险利率的选择以及风险资产定价模型的选择，自由现金流的估算则取决于对企业经营效率、增长的估计。对于个股来说，这种估计的偏差会很大。

在股票的估值上，我们宁要模糊的正确，也不要精确的错误。所以，相对估值的PE（市盈率）体系就成了最常用的估值选择。所谓市盈率，就是每股价格/每股收益。这个数值的意思是，"按照现在的市场价格和盈利水平，要多少年才可以收回成本"——一方面，在同等情况下（如企业盈利增速、产品等均相同），市盈率越低，表示回本时间越快，投资的收益越高；但另一方面，如果市场对一个股票的预期好，会有更多人买入，股价上升，提高市盈率。所以市盈率只能作为决策参考而不是决策依据。更重要的是，计算市盈率使用的都是公司已经公布的历史数据。我们都明白，历史数据不完全代表现在和未来，而买股票买的是企业的未来经营状况和成长性。

所以，对于企业快速成长、盈利模式逐渐清晰的行业，可以直接选用PEG估值[1]，即市盈率相对盈利增长比率估值法，也

---

[1] PEG适用于对成长性股票进行估值，而对于周期性行业、非成长股以及盈利增速为个位数的大型公司来说，该方法不太适用。

就是用公司的市盈率除以公司未来3~5年的每股收益复合增长率[1]。比如一只股票当前的市盈率为20倍,其未来5年的预期每股收益复合增长率为20%,那么这只股票的PEG就是1。按照投资大师彼得·林奇的说法,任何一家公司股票如果定价合理的话,市盈率就会与收益增长率相等,即PEG=1。PEG大于1,也就是市盈率高于收益复合增长率,表明股票价值被高估;PEG小于1,也就是市盈率低于收益复合增长率,表明股票价值被低估。比如贵州茅台,它当前的市盈率为46左右,假设未来3~5年平均每年它的盈利都在20%左右,它的PEG也在2以上。这个数值对于一只蓝筹股来说已经很高了,这也正是市场上很多人都说茅台目前股价偏高的原因。

一般来说,位于生命周期中后段的行业,比如地产、家电、化工等行业,用PEG来估值就已经够了。"PEG为1"可以作为估值的锚,一般来说,偏离10%以内都可以算作处在合理水平,但是如果远远超过10%,可能就需要小心了。

但是,像半导体、新能源、创新药这些处于成长阶段早期的行业,我们会发现其PEG经常远远大于1。但也很难说这些成长性的行业都存在泡沫。更何况,这些行业中还有很多公司在亏损,压根儿就没法计算PE和PEG。这就需要一套新的估值方

---

[1] 选用未来3~5年的每股收益复合增长率是行业的常规做法。之所以选用该区间,是因为如果时间窗口过长,公司、行业以及大环境会发生较大变化,容易造成估值误差较大;相反,因为公司的定期财务报告往往滞后于实际经营,如果只用未来一年,甚至一个季度的窗口去预估收益,时间窗口过短,就会忽略掉公司实际经营中已经发生的变化。

法。对于处在成长期、盈利模式还不太清晰的企业，通常的方法是用两步法进行估值：第一步，假定企业在3年、5年或者10年后达到成熟期，估算其利润；第二步，按估算的利润用PEG给予合理估值。

2021年7月30日，动力电池的全球老大宁德时代创下582元的股价新高，市场都戏谑地称A股从"茅时代"转入"宁时代"。8月初，有券商分析师给出了宁德时代2060年储能业务的营收中枢1714亿元、储能业务板块市值4285亿元的论断[1]，引发巨大的争议——用对40年之后的大胆猜测来作估值锚，这种估算本身意义可能都不大。从历史来看，很少有科技公司可以在那么长的时间里一直保持竞争优势。而2060年主流的电池技术会是什么样子，在2021年，连最顶尖的科学家也很难给出确定的答案。

那该怎么估算呢？按照中国人的投资期限，持有3~5年的，就算是有耐心的中长期投资者了。现在我们不妨脚踏实地，用两步法给宁德时代"定个锚"。

首先，估算宁德时代在5年后的利润。中国政府对电动车行业有规划：2025年要求电动车有20%的渗透率。按照2021年汽车市场规模估算，2025年全国汽车销售总量约为3500万辆，所以电动车应该是3500万辆×20%=700万辆。有乐观的投资者已经估到了800万辆，我们也不妨采用乐观的估法。通常认为中国

---

[1] 据国信证券分析师王蔚祺、周俊宏、唐旭霞等发布的《宁德时代系列之二——储能篇：第二"增长曲线"的终局探讨》。

电动汽车占据全球市场的一半，那么2025年全球就是1600万辆电动汽车。平均单台电动汽车带电量是60度电，那么总的用电量就是1600万×0.6=960吉瓦时。

行业的情况有了个大概的数字，接下来看回宁德时代。宁德时代在全球动力电池市场的占有率，从2016年的16%，提升到2021年（前4个月）的32%。假设后面保持这样的提升态势，到2025年，宁德时代的市场占有率将提升到50%，那么2025年宁德时代的出货量就是960×50%=480吉瓦时。按每吉瓦时8000万元利润计算，就是480×8000=384亿元利润——所以，384亿元大概就是宁德时代5年后的利润。

接下来我们假设宁德时代在2025年已经逐渐到了成熟期，PEG应该接近于1。然后再假设2025年开始，宁德时代能以30%的年增长率继续增长数年，那么我们可以用PEG=PE/30=1计算出"合理市盈率"等于30——384亿元的盈利、30倍的市盈率，我们马上可以得到2025年的"合理估值"为1.27万亿元，和2021年宁德时代的估值大体相当。

这意味着，根据目前的情况，宁德时代的市值水平基本透支了后面4年的向上空间。这么说是因为这个估值是建立在几个非常乐观的假设基础上的，比如2025年国内800万辆电动汽车、全球1600万辆电动汽车，宁德时代在全球动力电池市场的占有率达到50%，从2025年开始继续稳定按30%的年增长率增长，等等。

聪明的你应该发现了问题所在——这种估值方法的重点在"估",几乎每一步都包含着很强的主观判断。而"估"是基于线性外推的方法,比如说市场占有率50%基本就是根据过去的历史数据序列增长来进行线性外推得到的。在一个外生冲击和变化极大的时代和行业里,"线性外推"的结果,向上和向下的误差都可能极大,实在是不得已而为之的方法。随便举几个例子,在电力紧张或者技术突飞猛进的情况下,电动车渗透率可能远低于或者远高于20%。再比如,宁德时代本身是弯道超车过来的,被其他追兵超过的可能性是存在的;但是,宁德时代在积极布局新能源基础设施建设,也很可能内部裂变,出现新增长点,不必在原有赛道抢饭吃。

所以,宁德时代的现有市场价格,一方面有可能透支了后面几年的涨幅,另一方面也有可能仍被远远低估。站在2021年这个时间节点上,无论哪种论述都有自己强大的逻辑支持,到最后,做决策的仍然是你的信仰。

一个不可忽略的宏观背景是,这是一个资金充裕、利率超低的时代,估值中枢上行和头部效应加强是资产价格世界的大趋势。[1]头部项目的价格会越来越贵,垄断力可能越来越强——在这样的逻辑下,每季度薪酬分红都要按"相对业绩"来计算的基金经理,也就更有理由"随大流",去向上赌,就像一级市场

---

1 具体讨论请参考得到App课程《香帅中国财富报告(2020—2021)》。

上高价追逐各种项目一样，不怕犯错，就怕错过。

说到底，一切估值模型都只能是个模模糊糊的"锚"。真正的投资决策，可以学，但是没法抄。PE也好，PEG也好，真正优秀的投资者，只会把它们作为决策的参考。估值公式毕竟是建立在各种假设之上的，可用于思考，不可迷信。就像巴菲特和查理·芒格常说的，他们最后依据的，其实是脑子里简单的黑箱推演。

毕竟，投资是一门关于常识、智慧和人性的艺术，而不是算术。

第九章

一级市场篇：冰火两重天

出名要趁早呀！来得太晚的话，快乐也不那么痛快。

——张爱玲《传奇》

估值对抗：一级市场 VS 二级市场

一碗面、一杯茶、一块饼：快速实现一个小目标

2021年7月盛夏，上海温度高达36度，柏油路面被太阳烤得发软，连蝉鸣都懒洋洋的。

"我给你投资1个亿，现在就投。"

某创投基金投资人风尘仆仆，从虹桥机场直接奔向上海环球港一家只有几十平方米的面馆。他坐下来，看了眼店内的陈设、点单台和后厨，嗦了几口面。暖色调、现代简约风格的装潢是都市白领们喜欢的，口味着实没有太大的惊喜。他犹豫了一下，旁边市值1800亿美元的西式快餐连锁店麦当劳似乎在提示着什么。短暂的纠结后，他给出了一个自认为对方无法拒绝的报价。

"不赶巧，昨天刚被投了8个亿，暂时真的不太差钱。"面

馆创始人略带歉意地拒绝。

这不是玛丽苏的小说情节,而是2021年年中VC市场上的真实一幕。"快速实现1个亿小目标",这是2021年面馆圈的标配。开在商场里的和府捞面、马记永兰州拉面、陈香贵兰州牛肉面、五爷拌面店面都不大,好多门店甚至和几十家杂牌大排档快餐一起挤在商场的地下楼层,但这丝毫不影响它们的矜贵身价。

2021年7月,和府捞面完成了8亿元E轮融资,340家门店支撑起64亿元的估值。同月,陈香贵完成了超亿元A轮融资,五爷拌面在6月融了3亿元的A轮后,再次在这个月进行了融资金额保密的A+轮融资。

当然,一级市场资本盯上的远远不止这碗面,还有一杯茶、一块饼和一锅汤:咖啡店Manner、代数学家,茶饮店柠季、喜茶,烘焙店墨茉、虎头局、泸溪河、爸爸糖,火锅店巴奴、周师兄⋯⋯每个消费赛道的创投人手里,都有一长串"亿级玩家"的名单。

截至2021年9月,主打麻薯、芝士脆、泡芙等新中式点心产品的墨茉点心局,在一年内融了4轮资,估值接近30亿元,单店估值超过1个亿。同样成立于2019年的中式烘焙玩家虎头局,更是靠10家门店撑起了20亿元的估值。

这样的增长速度让创投圈找到了新high点。中国本土餐饮业是一个规模巨大但集中度极低的市场:年收入超过4万亿元,但前10大头部玩家集中度（CR10）仅有4.4%。[1]最大的头部企业海底捞市值仅1500亿元，最大的烘焙玩家桃李面包市值不到300亿元。与之相比，美国餐饮业前10大头部企业的集中度是31.7%，规模最大的麦当劳在快餐业的市场占有率高达21.4%。和西式快餐相比，中国本土餐饮地域口味分化明显，菜系本地化色彩浓，非标准化程度高，头部5家连锁企业加起来占行业市场份额不足0.02%[2]，一度是被资本遗忘的角落，2015年之前的总融资金额加起来，仅有百亿元。但在过去几年当中，情况发生了很多变化。首先是行业基本面变了：冷链运输和仓储技术快速发展，开始不断适应中餐对食材的品质需求、对深加工的标准化要求，单个门店进行复制、规模化扩张的可能性增加；其次是信息传播方式变了，社交媒体、信息分享平台对餐饮品牌的重塑和推广，让资本看到了"做大做强，争当头部，超越头部"的希望，纷纷开始涌入；再加上外因——监管层对社区团购、在线教育等资金下重注的热门赛道态度负面，资金急需换轨。在几个原因的夹击下，餐饮赛道前所未有地被炒了起来：2021年1—8月，中国餐饮食品赛道上的融资事件接近400起，总融资额472亿元，同比上涨121%。

---

[1] 据国家统计局公开数据，我国2019年社会消费品零售总额中的餐饮收入为4.67万亿元。CR10的数值来自欧睿国际。
[2] 数据源自Wind数据库，由团队成员计算整理所得。

海底捞和呷哺呷哺还有救吗？

2021年，餐饮食品赛道的造富故事令人心潮澎湃：喜茶估值涨了3倍，Manner咖啡涨了30倍，墨茉更是两年间从600万元涨到30亿元，涨了500倍。早期投中了这些企业的一级市场投资机构，1块钱快速涨至3块、30块，甚至500块。但是就在一级市场热火朝天的同一时期，餐饮食品的二级市场上却是"冷冷的冰雨在脸上胡乱地拍"[1]。

同为连锁火锅赛道：一级市场的周师兄火锅靠21家门店A轮融了上亿元资金，巴奴毛肚火锅估值超过200亿元，涨了3倍；二级市场上，海底捞、呷哺呷哺两大巨头却深陷泥潭，股价均较年初跌去了五成（截至2021年9月30日收盘），区间最大跌幅超过70%。两个火锅巨头的低迷仅仅是冰山一角，煌上煌、广州酒家、绝味食品、唐宫中国、全聚德等线下连锁餐饮店的年跌幅分别为38%、21%、20%、18%、3%（截至2021年9月30日收盘）。

二级市场投资者以一种极其苛刻的态度审视着餐饮股的业绩。海底捞、呷哺呷哺好不容易刚刚从疫情的重压中喘口气——2021年上半年，海底捞实现了营业收入同比翻番，比疫情前（2019年同期）收入水平增长72%，实现了1亿元利润；呷哺呷哺营收较疫情前增长12.5%，亏损快速收窄。这些看起来不错的

---

[1] 刘德华《冰雨》。

经营业绩，并不被资本市场买账。海底捞业绩发布后股价连跌两日，呷哺呷哺股价在7元左右震荡后继续下探。

原因很简单——业绩没有达到二级市场预期。规模上去了，盈利没有跟上；门店关闭了，亏损没有继续收窄；产品和服务在追赶变化了，翻台率持续下跌。在对"未来增长能否持续"的担忧中，每一个环节的问题都被放大。和管理层交流时，二级市场投资者直抵要害："海底捞未来是否会维持业绩的持续增长？"海底捞CEO张勇则不无无奈："餐饮行业是传统行业，有边界，不像互联网企业业务范围越大，成本越低。""所有餐饮企业面临的困难，我们同样面临；所有餐饮企业不能解决的问题，我们依然没有解决。"[1]

令人费解的是，两个火锅巨头的烦恼，在一级市场投资人眼里，却似乎不太重要。就在海底捞和呷哺呷哺跌跌不休之际，2021年6月末，同一细分领域的巴奴毛肚火锅拿到了新一轮5亿元的战略投资8月，周师兄火锅又拿到了1亿元的A轮融资。

无独有偶，就在刚成立不到两年的面馆创始人轻松拒绝"1个亿"的邀约，身价（估值）在半年内暴涨10倍之时，拥有707家门店的巨头味千拉面，上市14年后市值已经下跌了超过80%，股价长期徘徊在1港元出头，距离仙股[2]只有一步之遥。

1　2021年6月15日，海底捞CEO张勇及管理层与投资者的交流。
2　"仙"是香港人对英语"cent（分）"的音译。仙股就是指其价格已经低于1元，只能以分作为计价单位的股票。

这碗面到底怎么了？为什么在两个市场的待遇迥然不同？

100万美元年薪到底为了什么？

比一碗面实现"1个亿"小目标更魔幻的，是2021年的创新药投资市场。

顶级另类投资基金雪湖资本一向低调，但2021年3月的一份"3+1生物医药招聘计划"让它在投资圈刷了屏：3个医药行业分析师的岗位，要求有"清北复交"或者海外知名院校生物科学或医药相关专业背景，硕士以上学历，第一年的基本年薪加绩效就给到100万美元——对，你没看错，是美元。

初出茅庐即年薪600多万元——这等豪横让北大金融系科班毕业，在某头部私募股权投资机构工作了5年的赵明都艳羡不已。但雪湖资本的大手笔并不是特例。2021年的招聘市场上，生物科学、临床医学、药学博士相当不够用，头部投资机构动辄开出5万～30万元的月薪，招聘有医药相关背景的分析师或者投资人。曾经为了发SCI论文求毕业，累死累活在实验室配试剂、养细胞、做分子实验的生物医药博士们怎么都没有想到，不过一年光景，曾经未卜的前途就变成了光明的"钱途"。从2020年二季度开始，医药健康成为融资额排名第一的细分赛道（之前是互联网和制造业）。随着资本涌入，医药行业的高端人才从2020年下半年开始供不应求。

羡慕归羡慕，眼下赵明最着急的，是猎头还没有给自己的基金找来有药学背景的分析师。他所在的基金募集时定的投资方向是硬科技后期融资，之前一直在芯片、自动驾驶、智能制造这些领域里打转，没想到撞上了创新药这个风口。一周前，老板给他派了个急活儿，几十家创投机构疯抢某创新药B轮融资份额，老板因为私人关系好不容易拿到了开放份额中的一部分，需要在两周内准备好上基金投委会的材料，说明项目估值逻辑、潜在风险。

赵明忙活了几天，还是没有搞懂这家创新药企业400倍市销率（估值/销售）估值从何而来。依他粗浅的医学知识，这家的产品和其他两家创新药没啥显著差距。他不得不去找另一个投资机构的兄弟，对方所在基金在上一轮入股了这个项目。"我上一轮就搞不懂大家在干什么，你们确定要接？"兄弟机构的答复让赵明更没了方向。目前掌握的所有资料，似乎都不支持这个项目的投资。赵明再次把头埋进了相关行业报告、在线视频等学习资料中，他的目的只有一个，寻找到合理的论点支撑如此昂贵的估值，证明老板做的，是个正确的梦。

截至2021年9月，制药赛道一级市场当年共发生602起融资，金额1719亿元，与2020年全年几乎持平。8月下旬，高瓴创投在10天内投了3家创新药企业，其中一家是刚刚成立两年半、做mRNA（信使核糖核酸）技术的艾博生物。这家在4月刚刚被投6亿元的企业，不到4个月之后再次拿到了高达7亿美元的C轮融资，刷新了中国生物医药领域IPO前融资的最高金额。

但是创新药的二级市场却完全是另一个世界。一度被市场寄予厚望的千亿巨头君实生物、专注研发免疫和肿瘤疾病抗体的和铂医药、中国细胞免疫治疗的先行者药明巨诺，2021年三季度的股价均跌破了发行价，且2021年以来股价跌跌不休，截至9月30日，较年初分别下跌33%、38%、45%。

以梦为马的GBF估值体系

这些都是过去两年股权市场上极具黑色幽默的场景：同一个细分领域里，一级市场的价格以梦为马，二级市场则在骨感的现实面前万马齐喑。

一级市场是理想主义，采用Get Big Fast（GBF）原则来给投资标的估值。这种估值方法运用起来相当简单，就是找到一个未来可能成为的目标作为对标物，然后以手头标的拿到融资、快速成长、做出最理想的财务数据为假设来估值。也就是基于未来可能达到的市场天花板，预见一个终局，然后折回来判断现在值多少钱。蜂拥而至的资本，透支着一大批公司未来几年可能实现的业绩。

比如一级市场上单店1个亿的中式点心店们，是怎么估出来的呢？在2021年的二级市场上，成立29年的好利来市值32亿元，成立19年的元祖食品市值45亿元（2021年9月数据）。"如果墨茉持续扩张，做到好利来（对标物）现在的体量，不难吧？"这是墨茉当前估值30亿元最可靠的论据。在数字化营销、供应链体系让想象中的美梦触手可及，资本又不稀缺的年代，任何一个好的产品、好的想法，值几个亿似乎都有点合理。

理所当然地，成长中可能遇到的阻碍、可能的参数变化，也决定了这是一场豪赌。

当亚马逊以1.7万亿美元市值稳居全球前5大市值公司之列，人们不再怀疑亚马逊在电子商务领域的霸主地位和58倍的市盈率（2021年10月15日数据）。但是在2000年左右，华尔街流传着一个笑话，是调侃亚马逊的CEO贝佐斯在建造纸牌屋。因为直至2004年，亚马逊每个季度都在亏损，一篇新闻报道甚至直接质问："亚马逊：庞氏骗局还是网络沃尔玛？（Amazon：Ponzi Scheme or Wal-Mart of the Web？）"[1] 再后来，亚马逊通过增大广告投入及提高折扣率，吃到了电子商务赛道腾飞的红利。2020财年，亚马逊营收近4000亿美元，成为赛道头部公司。

但问题是——亚马逊仅此一家，别无分号。在通往1.7万亿美元市值之路上，随处可见因为各个环节上的问题和各种各样的细节而失败的电子商务初创企业。比如同期起步，现在市值只有亚马逊2.7%的eBay；比如曾被寄予厚望，成立一年就上市，如今已经破产清算的Pets.com。一项调查研究表明，电子商务初创企业在"出生"后前120天"死掉"的比例高达90%。

---

[1] Lina M. Khan, Amazon's Antitrust Paradox, *The Yale Law Journal*, 126（2017）.

和一级市场不同，现实主义的二级市场关心的是业绩是否能兑现、增长是否能兑现。面对一级市场的浪漫理想，二级市场正在以破发的方式做正面对抗：视频界王者、知识服务巨头、手机充电行业标杆——在二级市场上，这些一个比一个炫目的估值故事纷纷褪色。

每日优鲜是2020年最热的故事之一：底层逻辑来自"数字化改造农贸市场、智慧化服务社区生鲜"，目标定位则是"生鲜零售垂直细分领域龙头"。2021年6月25日，在一级市场GBF估值原则下，每日优鲜以每股13美元的发行价登陆了美国纳斯达克，市值达到32亿美元——丑媳妇总得面对公婆。二级市场不管你的目标有多远大，它看到的是社区生鲜领域惨烈的竞争、前置仓和物流体系高昂的成本，还有国家政策的负面态度[1]，每一个都直击痛点。上市以来，每日优鲜股价一路下跌到4美元，较13美元的发行价，跌幅高达70%——这才不到半年时间，以梦为马就到了梦醒时分。

每日优鲜并不是特例。截至2021年9月末，2021年在美股市场登陆的38只股票中，32只跌破发行价，其中12只大跌50%以上，[2]港股市场的情形与此类似——这大概算是二级市场对一级

---

[1] 2020年12月，《人民日报》发文批评互联网公司"别只惦记着几捆白菜、几斤水果的流量"。国家市场监督管理总局联合商务部召开规范社区团购秩序行政指导会，在会议上针对社区团购提出"九不得"，要求互联网企业严格遵守。
[2] 我国证监会规定，新股发行市盈率不得超过23倍，且不得超过同行业平均市盈率。科创板和注册制下的创业板不设置市盈率限制。而境外市场的发行价没有这种行政定价限制，更直接地体现了一级市场投资人认为企业该有的估值。

市场估值的"正面硬怼"。大量被风投创投机构追捧的"独角兽",如快手、水滴筹、雾芯科技、怪兽充电、滴滴、图森未来、知乎、奈雪的茶等,都是"上市即巅峰",市场价格每况愈下。

资本洪流

估值之火正旺的,远不止消费和创新药赛道,汽车行业、企业服务、电子商务、大数据、网游、VR/AR(虚拟现实/增强现实)等多条赛道全面火热,芯片更是万人争抢——很多项目在研究阶段就有几十家机构进场。2021年上半年,芯片赛道被投项目共计270个,总投资规模94.5亿美元,位居所有细分赛道榜首。有的一级市场投资机构为了错位竞争,甚至把触手伸到了中东战乱区。

原因无他,钱多。截至2021年8月底,中国备案存续的私募股权投资基金规模超过了10.5万亿元,比2020年增长6.2%;创业投资基金(VC)1.3万只,规模达到了2.1万亿元,较2020年末增长25.8%。全球的情况也一样。2021年上半年,全球一级市场投资人手里攥着没有投出去的资金(dry powder)有3.3万亿美元,是2011年同期的3倍。[1]

钱从哪里来?

---

[1] 据另类资产数据公司Preqin的统计。

我们来拆解一下2021年上半年中国一级市场上的人民币基金出资方：**家族及个人占26.6%，政府机构/政府引导基金占22.3%**，这两者就占了资金来源的半壁江山。剩下的一半主要由公司、企业、基金管理人（GP）自有资金、险资共同构成。

一个很重要的推动因素，是居民手里的钱变多了，尤其是高收入阶层。在2020年的疫情阴霾下，中国全国住户存款余额从86.3万亿元上涨到93.4万亿元，公募基金份额从13.7万亿份上涨到17万亿份，70城二手住宅价格上涨2.1%，其中一线城市上涨8.6%。股票涨、房价涨，尤其是高收入阶层的资产明显增值，消费动力却不足，因此产生了大量可投资金。再考虑到2021年"房住不炒"政策严控，各地限贷、限购，资金流入房市的动力不足，渠道受阻——钱多了，投资渠道少了，自然往股权市场上流动。

除此之外，政府引导基金的规模膨胀，也助长了一级市场的大水。近几年投资领域的一个明显趋势是，政府在一级市场上的参与度越来越高。2019年至2021年上半年，我国政府引导基金新成立募资规模高达1.1万亿元。究其原因，也是投资渠道不多，之前搞的"铁公基"[1]项目，收益率越来越低，政府拿着钱袋子，也在转换投资的思路。比如，合肥市产业投资引导基金由于投中了京东方和蔚来等明星项目，在市场上名声大噪，被

1　铁路、公路及其他重大基础设施建设。

誉为"最牛风投"。2021年,合肥继续在新能源汽车等产业频频出手,形成了很强的示范效应。各地纷纷通过预算,设立自己出资或者与社会资本共同出资的基金,希望在产业政策上实现从"补贴"到"投资"的转变——这个模式能否成功,面临很大的未知数。毕竟"投资有风险,入市需谨慎"。合肥模式能否持续、能否复制,都还需要时间检验。但无论如何,市场风潮已起,政府产业基金目前已经是中国一级市场重要的投资人之一。

赌徒时代

一级市场"水大"不是中国特色。全球低增长、宽信用的大环境已经持续多年,资金都在寻找出路。数字化、云迁移、物流和生命科学技术等领域的创新和可观收益,正在激励大量资金涌向全球的PE/VC市场。2021年上半年,全球有6300亿美元涌入创投市场,同比涨幅61%。[1] 这种趋势正在深刻影响着全球的资产配置策略。

作为全球捐赠基金管理机构中神一样的存在,耶鲁大学捐赠基金年均回报接近10%,在投资界被盛誉为"耶鲁模式"。2021年,耶鲁大学捐赠基金在创投资产上的目标配置比率达到了22.6%。从2015年第一次公布以来(当年数值为16.3%),这个比率年年攀升,目前配置了百亿美元的资金在一级市场上,

---

[1] 数据来自Preqin。

由黑石、KKR、高瓴等头部PE/VC充当管理人。耶鲁大学捐赠基金不是特例，哈佛大学捐赠基金的一级市场资产配置比率为23%，麻省理工学院捐赠基金更是高达43%。

大类资产配置为什么会向一级市场转向？

一个最重要的驱动力是，低利率环境下，投资人更倾向于追逐风险。

目前这种低回报年代，把钱砸到安全资产上的收益率越来越可怜：2020年3月，美联储将联邦基金利率下调了1.5%，基准利率被调到了0.25%的水平，传统大类安全资产——国债、信用债、货币基金的回报率整体被拉低。我国一年期国债的发行利率、货币基金回报率近两年来也停留在1%~2%的水平。尤其是2020年年中，中国市场货币基金回报率曾经一度被拉低至1%。安全资产的回报率较之前发生了翻天覆地的变化。

假设一部分大投资者的长期平均期望回报率为5%，之前他们把钱放到安全性较高的货币基金或者银行理财产品等类固收产品上，就能轻松达标，没有必要再冒更高的风险博取更高的回报。而在全球安全资产的回报率越来越低，甚至接近零的情况下，承担高风险、获得较高收益率的一级市场资产，自然而然成为这部分大投资者的选择。

风险资产的回报同样在下滑。2021年5月，管理超过1500亿美元资产的橡树资本创始人霍华德·马克斯在彭博社组织的在线活动中抱怨"（现在）没有好资产可买"。橡树资本是全球最大的不良证券投资机构，高收益债券、垃圾债券是他们的重要投资标的，但整体利率下行导致其收益率大幅下滑，让马克斯倍感压力——"我1978年末开始管理高收益债券时，联邦基金利率、10年期美国国债收益率在9%左右，高收益债券需提供超过12%的收益率才能吸引资本（但很少有投资者愿意购买它们，因为不需要那么高的收益率来达到回报目标）。但今天，联邦基金利率、10年期国债收益率远低于1%，5%~6%的回报就是高收益了，人们还争相购买。"

低利率推高了风险资产的定价中枢，也压低了其收益率——马克斯的压力正是另一部分大投资者面临的普遍困扰。而他们的解决方案，就是买风险更高一点的资产，于是PE/VC资产偏高的回报率便吸引了大量资金。

美联储前主席伯南克在2013年的一次演讲中提道：

"在当前的低利率环境中，我们经常目睹风险追逐或者其他形式的过度风险承担行为，这将影响资产的价格，以及资产价格与基本面的关系。"[1]

除了低利率的风险追逐外，资金偏好一级股权市场的另一个驱动力则是"押注未来"。戈登在《美国增长的起落》一书中感叹，1970年以来，技术进步范围日益狭窄且收益递减。[2]这话虽然不无偏颇，但是2021年之前的几十年中，技术进步主要体

---

[1] 伯南克2013年5月在芝加哥联邦储备银行主办的第49届银行结构与竞争年会上的讲话。
[2] [美]罗伯特·戈登：《美国增长的起落》，张林山等译，中信出版集团2018年版。

现在日常消费、互联网和医疗健康领域，确实没有在供给侧带来革命性的生产力提升，因而也没有对经济增长产生点石成金的效果。经过这么多年的低增长、宽信用之后，资金的稀缺性更小，未来增长的希望越来越多地被押注在了一些可见的技术前沿上，比如2019年押注人工智能技术、2020年押注云计算、2021年押注芯片技术。

有趣的地方在于，在这两种力量（风险追逐和押注未来）的作用下，资金持续涌入，估值不断上涨，这导致在一级股权甚至创投市场的"冒险"变得越来越有利可图。耶鲁和哈佛的投资报表上，一级市场资产给它们带来的年化收益率分别是21%和11.6%，远超投资不动产、二级市场、固定收益证券等资产大类。麦肯锡的一份报告显示，2008年金融危机之后，一级市场资产是各资产大类中波动性较小、回报率最高的资产类别[1]——这种螺旋式上升的结果更助推了一级市场股权投资被主流资产管理机构所青睐。

唯一的问题是，这个螺旋有没有结束的时候呢？

---

1 *A Year of Disruption in The Private Markets*: McKinsey Global Private Markets Review 2021，见麦肯锡官网。

"独角兽"饲养场

双头部效应

疫情以来,各种原因让跨境出口电商一下子成了"未被完全发掘的万亿级赛道"。一家叫Cider的年轻企业被大批创投风投机构死死盯着——2021年9月,这家成立仅一年的跨境电商公司获得了1.3亿美元的B轮融资,估值超过10亿美元,成为全球最快长成"独角兽"的公司之一。从B轮的融资名单来看,管理团队并不渴求资金——公司拒掉了大批没有协同或者辅助作用的投资人。唯一一个新加入的基金Greenoaks Capital,曾投过韩国的Coupang、英国的Deliveroo,是在跨境电商领域很有积累的投资者。但就算是这样克制融资,严格遴选,Cider仍然没有拦住自己快速成长为"独角兽"的步伐。

这就是一级股权市场的现状:头部项目都不缺钱,头部机构都担心钱花不出去。

一方面,资本在疯狂追逐头部项目。2021年上半年,中国PE/VC市场单笔交易规模大幅上涨,达到3224万美元,同比增长62%。尽管整个市场投资规模大幅增长超过一半,但是获投企业的数量却减少了6%。环球同此凉热。2021年,全球D+轮融资标的估值的中位数是10亿美元,2020年这个数字是4亿美元,一年涨了一倍多。

这意味着,全球创投风投市场已经成为一个巨大的"独角兽"饲养场。从2020年7月1日到2021年6月30日，全球有326家非上市公司的估值突破了10亿美元，成为"独角兽"，平均一天多催熟一只。这326家"独角兽"中，36家来自中国，包括社区团购项目兴盛优选、数据分析赛道的TalkingData，以及餐饮类的文和友、自嗨锅等；194家来自美国，主要集中在互联网软件和服务、数字金融服务、医疗健康等领域，比如在线职业教育培训平台BetterUP、数字银行Current、医疗健康保险公司Oscar Health等。

其中，绝大部分企业的成立时间都在2018年前后。我们团队曾经做过一个数据梳理，2000年创立的企业平均需要约13年的时间才能达到"独角兽"级别，2010年创立的平均需要约5年。到2021年，这个时间被缩短到了3年内。2021年3月，成立仅6个月就成为"独角兽"的度假房众筹公司Pacaso刷新了成长最快纪录[1]。

另一方面，不愁嫁的头部项目也只肯要头部机构的钱。2021年5月，一篇名为《活在红杉和高瓴的阴影之下》的文章刷屏，某二线VC基金投资经理马源一直跟踪，费了九牛二虎之力谈下投资条款的一个标的，就在和创始人签投资意向书的前一晚，被某头部基金截和了。2021年被头部基金截和的头部

---

[1] 但2021年出现的"独角兽"也有相当一部分成长得很慢。在医疗和电商赛道，很多公司其实之前做得一般，是在疫情之后受到重视才突然成长起来的。比如2006年成立的健康赛道公司Noom，比如分别在2014年、2015年成立的电子商务公司Back Market、Moglix。

项目不在少数，稍差一点的项目也只想要头部机构的钱。中小基金为了和高瓴、红杉一起投进去，甚至会像爱马仕配货一样，配点溢价或者答应其他条件，才能被头部项目看上。

头部机构追求头部项目，头部项目只要头部机构的钱，这个双螺旋的头部效应将市场推向极致的K型分化：项目和资金同时涌入头部投资机构。高瓴、红杉、鼎晖、五源等头部机构超募的同时，大部分中尾部的投资机构既融不到钱，也投不到好项目。事实上，2021年上半年，250家最佳私募机构投了53%的钱。也就是说，市场上超过一半的钱和项目，被紧紧地攥在不到10%的机构手中。

这进一步加剧了头部机构的超募现象。2021年5月，高瓴资本新一轮募资结果出炉，募资规模约180亿美元，远超130亿美元的初始目标。红杉、鼎晖、五源等头部机构募资额也均远超目标额。如何把钱花出去，是这些头部机构此时的最大困扰。假设每个项目平均投1000万美元，这次募集的基金要投1800个案子才能顺利把钱花完。

双头部效应产生了"广撒网"和"估值前置"两个市场现象。

广撒网，是指头部机构不敢赌漏风口、只能广撒钱的理性选择。站在一级市场投资人的角度，追逐泡沫赌输了，与看到泡沫不去赌这两者之间，后者漏投标的，才是更严重、更不被原谅的错误。位于创新最前沿的企业，投资热点切换得太快了。

比如在创新药赛道上，细胞疗法从CAR-T到CAR-NK，热门靶点从CD20到CD47，药物形式从ADC到PROTAC。再比如在芯片赛道上，芯片架构从MIPS到RISC-V，衬底材料从GaN到SiC，认证标准从AEC-Q100到ISO26262。面对技术的快速革新，头部机构弹药充足，不容错过任何一个即将被吹开的风口，于是只能在各个细分赛道上广撒钱。钱撒错了，比漏撒了好。

估值前置，是上市预期冲动带来的效应。2019年以来，科创板和创业板注册制逐步实施，一级市场投资标的的退出渠道变得更加畅通，各个标的的上市预期也变得更强。"管它商业模式好不好，赚不赚钱，反正后面能上市"，是一级市场投资人赌性更强，手笔更大、更阔绰的最佳理由。"好项目的估值今年都涨了50%以上了。"某芯片一级投资人抱怨道。"我们现在投的早期医疗项目，原本正常的估值应该在两三亿，现在普遍开价都超五亿了。"这是某医疗赛道一级投资人的无奈。而一些真正的好标的，光出钱还不够，还要靠关系抢，靠实力抢，靠协同能力抢。

反过来，这两个现象又进一步加强了双头部效应，市场的"K型分化"越来越趋向极致。

创新和收益，同时死在拥挤的赛道里

这种极致分化并非福音。一种可能的后果是，创新和收益，都死在了拥挤的赛道里。

一方面，很多创新可能被埋没。从理论上说，头部效应本身无可厚非。初创企业的死亡率是极高的，能穿越C轮融资死亡峡谷的初创企业不到2%。资本的选择下，优胜劣汰，强者跑得更快一点，弱者死得更快一点，本身也是效率提高的表现。

问题是，双头部效应趋向极致，中尾部的机构子弹更少，更多的初创企业被放弃，小项目跑出来的机会就更少了。

2021年的字节跳动拥有抖音、今日头条、西瓜视频等火爆App，不会有人质疑这是不是一家值得投资的公司。但在字节跳动最初融资的时候，没有人看好这家企业。张一鸣一个月要见30多位投资人，曾因为说话太多而失声。如果在2012年，不被行业看好的字节跳动没有碰到海纳亚洲基金和独立天使投资人刘峻，2021年的一切也就无从谈起了。但是双头部效应下，只要不符合头部审美，中尾部项目非常容易被放弃，甚至根本进入不了"被投项目池"，要碰到它们的"海纳亚洲"和"刘峻"，越来越只能靠命运垂青。

另一方面，投资人的收益也更低。双头部效应成就了一级市场的造富机器：头部机构的大钱追逐头部项目，引起其他资金跟风追逐，进一步带来项目估值的提升。2021年，任何一个细分赛道上，但凡稍微优质的标的，几乎都遭到了投资人热火的烘烤，估值都被夸张地前置。等到了二级市场上，它们才显露真容。

而破发仅仅是冰山一角。资金洪流冲到任意一条细分赛道上，即便是优质的资产，价格也被迅速抬高，各个轮次投资人的收益都迅速收窄，尤其是后面轮次入场的一级市场投资人。2021年9月，在人工智能六小强[1]酝酿上市之际，一篇名为《投中人工智能六巨头，不同轮次投资人能赚多少倍？》的文章在一级市场投资人的手头流转，戳中了很多人不便言明的痛点。这六家被人们推上风口的公司，大多数第三轮进入的投资者投资回报在三倍，大多数第六轮进入的投资者投资回报在一倍。一级市场的回报传说中动辄成百上千倍，真正计算起来，却少得可怜。

在资本的洪流中，在一级市场投资人的疯狂押注中，越后期的投资，越具有确定性的优质资产，回报率可能越低。资本的罪与罚之下，头部机构，如红杉、高瓴，已经纷纷带头走向了更早期的投资。

张爱玲说："出名要趁早呀！来得太晚的话，快乐也不那么痛快。"

谁能想到呢？这任性的文艺腔，竟然在百年后的投资市场上一语成谶。

---

[1] 指创新奇智、第四范式、商汤科技、旷视科技、云从科技、云天励飞六家公司。

第十章

数字货币篇：
向着那未知的世界去远行

唯一真实的乐园是人们失去的乐园。

唯一有吸引力的世界是我们尚未进入的世界。

——［法］普鲁斯特《追忆似水年华》

2021：币圈半年，人间半生

任刚是中国一家普通科技公司的码农。2021年2月的某天早上，任刚起床第一件事，照例是给电脑桌上方的马斯克画像倒了一杯威士忌，想了想，又从柜子里拿出孝敬老丈人的南京九五细支，点了一根放在画像下面，这才坐下来，打开电脑里的币安交易平台，准备开始交易。

任刚是2021年刚入币圈的新人。前几年周围的同事们都在三三两两地炒币，比特币、莱特币、瑞波币……任刚觉得风险太大，一直没动心。2021年1月初，币圈兴起一波动物币热潮，狗狗币、柴犬币、猪币、乌龟币……动辄一天几十倍涨幅，任刚有点坐不住了。当地时间1月28日，任刚的偶像马斯克在推特上模仿著名时尚杂志VOGUE封面，制作了一个"DOGUE"

杂志封面，并配了一张狗狗特写照片，寓意狗狗币的流行。随后的2天内，狗狗币涨幅超过了500%。任刚再也没忍住入圈的冲动。

狗狗币便宜啊，几美分就能买上一枚。任刚一边找同事咨询访问境外数字货币交易平台的渠道，一边在B站上找UP主学习炒币经验。"狗狗币教主无私分享自己的投资经验。""狗狗币起飞！神秘大佬操盘5天赚6亿美金！如何买币最稳妥？""卖房all in 狗狗币！"整个2月到3月，36岁的任刚像虔诚的小学生一样，供着马斯克的画像，如饥似渴地在各大论坛上学习，一点点加仓。到4月份狗狗币行情再次起飞前，任刚已经陆陆续续投了100万元的本金，平均成本6美分/枚，这笔钱差不多是他小家庭的全部积蓄了。说实话，在4—5月的一波暴涨行情到来之前，任刚已经快被狗狗币连续两个月横盘震荡的行情搞疯了，天天祈求行情的到来。4月中旬，狗狗币终于再度起飞，达到0.43美元/枚的高位，任刚的账户资产接近500万元。熬夜暴瘦了一圈的他思前想后，还是清了仓。"看着诱人，狗狗币太难赚钱了。我幸好是1月底2月初梭哈进去，否则肯定也是赔着出来的。"即使沉浸在炒币致富的快乐中，任刚还是感到后背凉飕飕的。

从2021年初到5月上旬，狗狗币价格涨了146倍。价格上涨百倍，狗狗币仅花了106天，同样的涨幅，比特币花了237天。5月8日，狗狗币价格达到顶峰，0.74美元一枚。差不多同一时间，高盛的董事总经理阿齐兹·麦克马洪递交了辞职信，这在国内外投行圈引起骚动。麦克马洪在高盛工作了超过14年，平均年薪40多万美元，是妥妥的金领。他辞职的原因很简单，就是炒狗狗币赚了千万美元，实现了财务自由，于是决定"躺平"。麦克马洪不是特例。4月，韩国三星公司的一个员工，也因为投资数字货币净赚400多亿韩元，提交了辞职信。

2021年，对各种数字货币开始感兴趣并投入真金白银的，是越来越多的普通投资者。2021年6月，盖洛普咨询公司（Gallup）在美国成年人中做炒币人群画像调查。三年前同样的调查中，72%的人表示对炒币"毫无兴趣"，现在这个比率已经下降至58%。

如果有部时光穿梭机让你回到2011年初，你投了1万元在比特币上，到了2021年，这笔钱将变成3.5亿元。相比之下，什么茅台、腾讯都弱爆了。1个亿人民币的小目标，只要2011年在比特币上梭哈500美元，或者2015年在以太币上梭哈1.5万美元，在2021年就能实现。

币圈半年，人间半生。何苦不入圈呢，朋友？人间不值得——在一个又一个的炒币暴富故事之后，那些极度渴望快速成功，但上升通道日渐狭窄的年轻人，越来越愿意接受数字货币这样一个充满破坏力、征服欲和刺激感的事物，越来越相信"去中心化、加密"是未来数字世界的希望。

芝加哥大学的一个调研发现，美国数字加密货币的交易者平均只有38岁，没有受过高等教育的占一大半（55%），35%属于年收入6万美元以下的中低收入阶层。更多敏感的调查还发现，非裔、拉丁裔，还有LGBT群体[1]，不约而同地展示了对数字加密货币的好感，认为这是通往"富裕和平等"的新路径。

就这样，愤怒的、真诚的、理想主义的、套利的、跟风的、真真假假的数字革命信徒们在比特币、狗狗币、马斯克，还有木头姐们的声浪里向前涌动。

来自央行的狙击：主权数字货币

2021年5月19日是币圈最黑暗的一天，所有数字货币无一例外都被血洗：比特币当天最多下跌了约1.3万美元/枚，以太币、狗狗币暴跌超40%，加密货币总市值一度跌至1.68万亿美元，近3600亿美元[2]在一天内灰飞烟灭，很多投资者收益归零，一夜回到解放前。第二天，5月20日，美联储主席鲍威尔宣布美联储开始推进数字美元工作，并将在央行数字货币国际标准的演进过程中发挥领导作用。

美元的国际货币地位是美国竞争力的源泉，也是美国最强大的武器之一，所以美国政府一直对数字货币的推进非常小心

---

[1] 女同性恋、男同性恋、双性恋、跨性别者群体。
[2] 数据来源：Binance, Coinmarketcap.com。除了货币差异，部分加密货币发行时间较短或被认为是"山寨币"，不被某些交易所或平台承认，其市值不计入加密货币总市值，故此数值与部分媒体报道存在出入。

谨慎。2019年脸书提出"天秤币（Libra）"方案的时候，国会、美联储、财政部等部门均强烈反对。美国财政部前部长史蒂文·姆努钦直言，5年以内美联储不需要发行数字货币。[1]美联储主席鲍威尔也公开表示，他没有积极考虑此事。对于美联储踟蹰不前的行动和态度，英国央行前行长马克·卡尼曾吐槽说，数字货币"可能削弱美元在全球贸易中的霸权"[2]。

但是新冠肺炎疫情成了一个关键的转折点。当地时间2020年3月27日，美国推出2.2万亿美元财政刺激法案。由于有过教训，政府春天寄出的家庭救助计划支票，到夏天结束还有大量家庭没拿到，导致刺激效果不佳。所以2020年这个法案的初稿曾提出，用数字美元钱包直接发放现金补助。虽然最终的刺激法案没有采用数字美元的方式，但美联储在主权数字货币上的动作却开始加速。

2020年10月，鲍威尔首次对央行数字货币表现出正面态度，表示"央行数字货币可能可以通过多种方式改善支付系统"，"美联储正致力于谨慎、认真、全面地评估央行数字货币给美国经济和支付系统带来的潜在成本和收益"。[3]

2021年7月，鲍威尔强调美联储正就数字美元事宜加快决策速度，并将于9月初发布央行数字货币报告。之后这个报告的

---

[1] 当地时间2019年12月5日，姆努钦在美国众议院金融服务委员会听证会上的发言。
[2] 当地时间2019年8月23日，英国央行行长马克·卡尼在全球央行年会上发表演讲。
[3] 当地时间2020年10月19日，在国际货币基金组织年会的"跨境支付交易：展望未来"分会上，鲍威尔做小组讨论发言。

发布一拖再拖，也说明了美联储在这件事上小心谨慎的态度。

但鉴于美元的特殊地位，即使加速了数字美元的推进，美联储的每一步仍都要谨慎，要小心地避开央行数字货币的政治雷区。就像鲍威尔直言的，"做对比做第一更重要"[1]。

和美联储相比，其他发达国家和新兴经济体的央行对主权数字货币的兴趣明显更为浓厚，进度也更快。国际清算银行的数据显示，56个国家（经济体）的中央银行已在积极开展数字货币研究。但是各国央行的研发目的、探索试验方向和技术路线差异巨大。

欧洲和中国在这方面都相对积极而谨慎。欧洲央行2021年7月宣布启动数字欧元项目，但旨在解决数字欧元设计和发现等关键问题的调查研究期，就长达2年。中国央行的行动相对迅速：2020年10月，深圳作为试点率先开始向市民发放数字人民币红包，苏州、北京、成都紧随其后，进行了累计8轮测试。已经开展试点的10个城市多数以发放红包的方式吸引首轮尝鲜的市民。数字人民币的落地涵盖了人们日常生活中缴费、餐饮、出行、购物等多个场景，还包括个人和对公数字人民币钱包的开立、查询、对账等服务。截至2021年6月底，我国开立了2087万个个人数字人民币钱包、351万个对公钱包，数字人民币试点场

---

1 当地时间2020年10月19日，在国际货币基金组织年会的"跨境支付交易：展望未来"分会上，鲍威尔做小组讨论发言。

景超过132万个，累计交易7075万余笔、金额约345亿元[1]。

但是在测试多轮后，中国央行表现出更加谨慎的态度，提出不预设推出时间表，也不预设技术路线。主权货币是所有大经济体的灵魂。在主权数字货币的推进上，大家都有增强本国货币在未来数字经济中竞争力的战略考虑。但货币牵一发而动全身，对现行商业体系、金融体系、机构组织，都会产生巨大影响，任何微小的纰漏都可能产生灾难性后果。某种意义上，对一个主权国家来说，央行数字货币的威力比核武器更大，对技术安全的要求也更高。所以谨慎再谨慎、缓慢推进才是更理性的选择。正如中国央行相关人士所说的，未来数字人民币在提高场景覆盖面、建立多层次网络防护体系等方面面临一定压力和挑战。[2]

相反，一些小经济体在这方面显得非常激进。柬埔寨央行在2020年上线了名为"巴孔"的数字货币，并正式向全国发布，但其普及程度始终较低。柬埔寨央行自己也很困惑，巴孔到底是新一代支付体系，还是数字货币？一直将美元作为本国法定货币的萨尔瓦多，在2021年9月初直接宣布正式接受比特币为该国法定货币，与美元并行。随后，大量持反对态度的民众走上街头示威抗议，引发了武力冲突和打砸骚乱。这些小经济体

---

[1] 据中国人民银行发布的《中国数字人民币的研发进展白皮书》。
[2] 2021年7月16日，中国人民银行副行长范一飞在《中国数字人民币的研发进展白皮书》发布后的媒体吹风会上发言。

的实践再次证明了,信用货币的任何变动都是系统性工程,在主权数字货币这条路上,我们还有漫长的路要走。

技术演进下的货币新信仰

但是,在全球数字化程度不断加深的大趋势中,货币的"数字化"已经迫在眉睫,对于数字货币的普遍信仰已经建立,存在分歧的只是演进的路线:是民间热炒的"非主权数字加密货币",还是各国央行顶层设计的"主权数字货币"?无论哪条路,我们都注定要向着未知的世界去远行。

在远行之前,我们需要弄清楚一些基本的问题。比如,货币究竟是什么?为什么关于数字货币的信仰会在今天这样一个时间节点出现?

货币究竟是什么?这是个太过深奥的问题,无数经济学家、哲学家、历史学家为此争论不休,至今也没能得出完全统一的答案。但"通用价值尺度",大概是所有人都能认同的一个货币要素——要让"物物交换"变得更公平、更标准化、更便于推广,我们需要找一个人们广泛认同的价值尺度,来衡量每样东西的价值。[3]

---

3 亚里士多德在《政治学》中写道:"由于各种自然性的生活必需品无法随身携带,因此人们约定在相互交易中使用某种具有内在用途并且容易满足生活需求的东西,比如铁、银等。最初仅仅以尺寸和重量衡量其价值,但是后来人们在上面盖上印记,以此标定价值,从而避免每次都要称重。"

从古至今，人们约定俗成的用于衡量每样物品价值的尺度，就是货币。谷物、兽皮、贝壳、青铜、贵金属，等等，都是人类社会曾有过的货币形态。公元前4000年的两河流域，人们用大麦、小麦作为货币；《盐铁论》记载了在公元前2000年的夏朝，人们用贝壳作为货币的使用场景："弊（币）与世易，夏后以玄贝"；大航海时代之后，一直到18世纪末，全球绝大多数国家的货币形态以白银为主[1]。英国小说家毛姆有一部著名作品《月亮与六便士》，月亮代表不灭的理想，而六便士是英国维多利亚时代面值最小的流通银币，代表数量极少的金钱。

货币形态为什么呈现出多样化和不断演进的态势？这和各个地区、各个时代的资源约束和技术进步有着千丝万缕的联系。

自秦伊始，中国历代封建王朝多使用青铜作为货币。但实际上，限于开采和冶炼技术，铜金属数量极其有限，只能算"财政货币"，多用于收税和发薪水。民间大多数的借贷和交易，包括土地买卖费用、工钱，甚至结婚彩礼，都是用粮食计价。与农耕社会相适应，各类粮食是中国历史上最重要的货币。

在中国古代城市化和工商业文明的巅峰时期宋朝，曾兴起过纸币交子，这绝非偶然。著名经济史大家威廉·戈兹曼在他的《价值起源》一书中说，"推动（宋朝）纸币发明的不仅是这些经济条件和财政措施，更有在造纸和印刷方面的技术创新"[2]。

---

1 [美]查尔斯·金德尔伯格：《西欧金融史》，徐子健等译，中国金融出版社2010年版。
2 [美]威廉·N.戈兹曼、[美]K.哥特·罗文霍斯特：《价值起源》，王宇、王文玉译，万卷出版公司2010年版。

历史总是相似的。在现代货币的发展史上，从纸质现金到支票簿再到银行卡里面的电子现金这一演化过程，背后是信息技术、电磁技术、芯片技术的推动，使得人们熟悉的现金形态脱离了纸质形态。同样，从2007年首款智能手机的大规模销售开始，智能手机技术和移动互联网信息技术的发展，让以银行卡为载体、可以用手机支付的电子现金成为可能。

从整体趋势上来看，新的货币形态应该更适应当时的技术革新和社会形态，并能够逐渐降低货币的发行成本和流通成本，提高其流通的安全性和便捷性。

在一份留存在YouTube上的1999年的采访录像中，20世纪最具影响力的经济学家之一、现代货币主义理论的缔造者米尔顿·弗里德曼用技术演进的逻辑推演，模糊地预言了10年后比特币的到来——"一种现在不存在，但即将被开发的东西，是可信电子货币。在网上你可以从A转账给B，但是A和B相互之间谁都不知道谁。"[1]

弗里德曼是对的。从1998年到2008年，数字签名技术、加密技术、P2P（点对点）网络技术、时间戳技术等相继成熟。其间也有不少"新货币"跃跃欲试。1998年的b-money应用了P2P网络结构，但节点账本不是全局账本，每个节点都有自己的分类账。2005年被完整提出的Bitgold既有P2P网络来维护分布

---

[1] https://www.youtube.com/watch?v=NGAwgg-TVL4.

式账本，也有基于大量算力的工作量证明机制。瓜熟蒂落只等一个契机。

"货币"崛起，既需要旧信仰的动摇，也需要新信仰的建立。2008年的金融危机让美元信仰遭到前所未有的质疑。而2005年之后兴起的社交媒体则让年轻人更容易接受新的叙事——技术的、社会的，各种契机似乎都在出现。2008年11月，中本聪发表题为《比特币：一种点对点式的电子现金系统》的论文，比特币横空出世。弗里德曼10年前脑海中的模糊远景，变成了可见的清晰现实。

比特币问世后的10余年，是数字化技术突飞猛进、强力渗透的10余年。2008年中国互联网普及率仅19%，2020年这个数字是70.4%[1]。随着移动支付体系的推广，出行、物流、医疗、餐饮、娱乐……几乎所有消费端都在快速数字化的进程中，这反过来又推动了数字技术的迭代和进步。大数据、云计算和人工智能成为新的基础科学领域，并不断向生产端延展。技术的变革和社会生活形态的变化自然会对货币的便捷性、安全性、隐私性提出新的诉求，带来更多憧憬。

换句话说，数字货币的到来不是偶然，而是技术和社会的演进所推动的。只是那个在当下长得最快的幸运儿，是比特币。不过，在最初的时刻，不管多么炫目的信仰，都是混沌的。

---

[1] 据中国互联网络信息中心（CNNIC）发布的第47次《中国互联网络发展状况统计报告》。

博弈未来：私人VS央行发行之争

2019年6月，不少人在为一件事情兴奋，很多媒体甚至宣称"一个新的货币时代到来了"。

当时拥有20多亿用户的全球社交媒体巨头脸书拟推出基于一篮子货币合成的数字货币天秤币，声称将为数十亿人赋能新的金融基础设施。不过，脸书发布天秤币的白皮书后不到两周，美国国会送来了一封要求函，要求脸书停止在监管不到位的情况下，继续推进该加密货币项目，以避免引发"隐私、交易、国家安全和货币政策问题"[1]。

一年后，脸书推出了天秤币2.0白皮书，全面拥抱监管，淡化了其本身作为货币的概念，将目标修正为"建立一个简单的全球支付系统和金融基础设施，旨在让数十亿人受益"。扎克伯格的"妥协"没有被现行的货币主导者们所认可。七国集团表示明确反对天秤币。和比特币、以太币、狗狗币这些私人发行的数字货币比起来，天秤币命运更为多舛，还没出生就被扼杀在了子宫里。

2021年9月，名不见经传的小国萨尔瓦多忽然在全球媒体上有了强存在感：它宣布接受比特币作为法定货币，成为全球第一个将比特币作为法定货币的国家。21世纪初，这个648万

---

[1] 第一财经：《美国国会"叫停"Libra，是机遇还是危机？》，https://www.yicai.com/news/100247576.html，2021年10月2日访问。

人口的小国曾因为严重通胀放弃本国货币体系，将美元作为法定货币。20年后，比特币和美元平起平坐，登了堂入了室。观望萨尔瓦多的国家不在少数，尽管比特币面临着币值不稳、常被用于洗钱等各种重大风险，但对于这些缺乏足够主权信用的国家来说，比特币提供了更便捷的跨境支付方式，同时也让本国经济免受美国单一经济体影响，未尝不是一个"可选项"。

比特币叙事的最大吸引力之一就是与现行法币体制竞争的"革命性"，其后的私人数字货币多少都延续了这个特色。之前因为体量尚小，这些数字货币并没有对大国货币当局造成太多影响。直到疫情后，史无前例的大放水，一方面多少损害了美元的信用基础，另一方面天量资金涌入波动极大的数字货币赛道套取暴利，引发了数字货币市值的飙升和舆论的狂欢——此消彼长，私人数字货币开始对现实资产世界产生影响。

而萨尔瓦多虽然是个不起眼的小国，但在这个时间节点上，这样一个决定无疑有着信号的作用——新的货币竞争是真真切切地存在了。现在，各国央行，尤其是小体量的经济体，需要像面对他国货币一样，警惕私人数字货币的冲击。

值得一提的是，在欧美世界，私人数字货币其实是有深厚理论基础的。政治学上的自由主义，经济学上的新古典主义，都是它们的理论源泉。事实上，私人发行货币，通过自由竞争形成货币体系，在历史上不乏先例，苏格兰自由银行时期、美国南北战争时期，都是如此。但自从1844年英国颁布《皮尔法案》，将私人银行发行货币的权力收回开始，世界进入了"国家主权信用货币"时期。直到美国20世纪70年代的滞胀时期，新自由主义的代表哈耶克在《货币的非国家化》中，再次阐述了反对国家垄断货币的观点。哈耶克认为，一国央行总是有超发货币的动机，国家垄断的货币发行权滥用，最终会导致通货膨胀、经济混乱和经济危机。[1]2010—2021年，哈耶克的观点和英美的历史实践，一而再、再而三地被比特币的先驱们引用。

2018年，在国际清算银行对数字货币进行定义和分类的报道里，私人数字货币与央行数字货币平起平坐，被放在了一朵"货币之花"分类模型上。至2021年，《皮尔法案》的出台已经过去了177年，私人数字货币尽管在问世后面临着交易效率低下，被大规模用于走私、贩毒、贩卖人口等"暗网交易"等问题，却似乎感受到了"登堂入室"的些微曙光。

在对天秤币的监管风暴和对萨尔瓦多的拥抱两个极端之间，全球私人数字货币（非央行发行）总市值在2021年10月初上涨至2.38万亿美元，较年初上涨近3倍。大量传统金融机构巨头也开始拥抱私人数字货币。2021年2月，万事达卡发文称，计划在年内为商户提供接受加密货币结算服务；3月，国际支付巨头Visa允许数字加密货币"USD Coin"在其支付网络上结算交易。

---

[1] ［英］弗里德里希·冯·哈耶克：《货币的非国家化》，姚中秋译，海南出版社2019年版。

面对渗透越来越广泛的私人数字货币在非法金融、隐私、金融稳定、货币政策执行等领域发出的挑战，各国央行仿佛被无数根绳子束缚住的大象，难以转身。央行既需要考虑新货币体系的安全性、技术可能性，又要保证做正确的事情。当前数字货币底层的很多技术瓶颈，如同时满足不可能三角——即"传输可信准确的信息""去中心化""节省成本"——的技术问题仍没有得到很好的解决。央行还要面对来自各个方面的商业利益考虑，比如数字货币可能加剧对存款的竞争，损害商业银行的利益；比如交易、流通环节对监管者更加透明，可能伤害企业用户的隐私和商业利益。

在数字货币的确定未来中，私人发行先行一步，央行发行举起了应战的剑。这注定是场实力悬殊的博弈。

比特币新城：你也在这里吗

在私人数字货币中，比特币是迄今为止最成功的币种：2021年10月总市值1.1万亿美元，占所有数字货币体量的46%。而比特币并不是"第一个数字加密货币"。从1982年首次提出把加密技术运用到现金上构建数字货币的想法算起，从密码货币到数字黄金货币，比特币问世之前，世界上已经存在了大约100个数字货币雏形，而成功的屈指可数：2021年的数千个数字货币中，比特币占46%的市值，以太币占约19%的市值，还有8

个分别占1%~3%，剩下的几乎都没有什么存在感。

看上去，比特币"新城"暂时取得了数字货币世界的先机。关于"为什么是比特币"，市面上有很多技术的、理论的、社会的讨论，其实底层逻辑并没有那么复杂，一言以蔽之，生逢其时。

从社会土壤上看，21世纪的前20年，是现代社会的迷惘期。

一方面，全球货币发行量越来越大，但经济增长却低迷不前，各国政府和货币当局饱受质疑。日本货币政策宽松了10多年，但是经济仍然低迷。美国2008年的次贷危机引发了普通人对华尔街的怒气，之后的政府救助也一再让人感到"劫贫济富"的落差。技术不断进步，金融业日益繁荣，创造了越来越多的顶级富豪，但欧美普通人的生活水准并没有太大提升，年轻人也面临着更低的天花板，怀疑主义日渐盛行。

另一方面，数字技术在全社会扮演着越来越重要的角色，数字平台逐渐成为基础设施，开始对民生、经济甚至社会思潮产生重大影响。"技术即权力"的想法从来没有这样清晰过。中本聪对比特币的设计恰好符合这个方向：比特币从始至终的目标都不是降低现有货币体系的流动成本、提高交易效率，而是强调点对点、去中心化的网络设计，改变共识形成的机制，更强调个体隐私和个体权利，隐隐透露出以技术对抗国家机器的理念。

当稳固的社会结构在各种数字技术产物的冲击下开始变得

支离破碎时,当技术变革的远景清晰但路径模糊时,技术至上主义和怀疑主义会加速蔓延,而比特币,恰好承载了这两种期待,变成了对迷惘时代进行质疑的载体,赢得了流行的土壤。

从功能上看,比特币替代现金,成了无现金社会中灰色经济的主流货币。

作为全球未受监管的最大交易品种之一,比特币是灰色经济的一个通用货币支撑。在比特币之前,灰色交易最常用的媒介是纸质现金,一张张纸币上面没有账户和转账信息,具有较好的匿名性。进入21世纪以来,尤其是2007年移动支付盛行以来,全球快速进入无现金社会,现金交易量呈断崖式下滑,给灰色交易带来不少麻烦。比特币因其匿名性,迅速受到青睐,成为全球非法交易的最爱。2019年,几位澳大利亚学者利用从比特币区块链交易网络中识别出来的合法用户和非法活动参与者,测算出每年约有760亿美元的非法交易用比特币完成。这个交易额占比特币交易总量的46%。参与灰色非法交易活动的用户在比特币总用户中的占比高达25%。[1]这个庞大的交易规模,与美国和欧洲加起来的非法毒品交易市场规模相当。虽然随着比特币在全球的风靡,自2016年以来,与非法交易有关的比特币交易在交易总量中的占比有所下降,但绝对数量仍然继续增加。毒品交易、人口贩卖、贿赂……只要有人类社会,就会有灰色

---

[1] Foley S., Karlsen, J. R. & Putnins, T. J., Sex, Drugs and Bitcoin: How Much Illegal Activity is Financed through Cryptocurrencies? *Review of Financial Studies*,32(2019).

经济的存在，就会有对隐匿性交易货币的需求。问题是，主权数字货币的推进会压缩灰色经济的生存空间，所以我们会看到，主权数字货币越是推进，对隐匿性交易货币的需求就会越高，这也构成了比特币的支撑力量。

上述两者算是私人数字货币的共同底层逻辑，比特币能在这个领域占据主导地位，则要归因于货币理论中的"仙子效应"。童话故事里的彼得·潘说，孩子们相信仙子存在，仙子才会存在。现在的"法币"不过就是一张纸，或者银行账户里的一串数字，为什么我们愿意接受？

主权货币讲了一个故事的开头：国家愿意以这种货币进行结算或者收税。接下来是传播：我愿意接受这种货币，是因为你也愿意接受；你愿意接受这种货币，是因为他愿意接受……这种"仙子效应"同样支撑了比特币的价值：人们相信它能够被更多人接受。毋庸置疑，社交媒体加速和放大了这种信仰的力量——几秒钟内，马斯克的一条推特就能传遍全球每个角落，引发无数 Meme 行为，导致比特币价格暴涨 10% 以上。但任何事物都是一把"双刃剑"，信仰快速建立的另一面是被轻易摧毁，所以任何政策调整、大户仓位变动，都能快速传播变成"惨剧"。

不管是新的技术信仰、灰色经济，还是"仙子效应"……最终还是落到"生逢其时"上。生在一个技术进步、信用危机、社会分化、无现金、社交媒体同时出现并发生化学反应的时代，就像张爱玲说的,"没有早一步,也没有晚一步,刚巧赶上了"。[1]

新城建设永远比旧城改造迅猛。但一座新城是否能够吸引足够的长居人口,演化出复杂的社会结构,从钢筋水泥的"城"逐渐变成活色生香的"城市",这还远远不是答案揭晓的时候。

终局仍旧成谜

搜索一下"E-gold",百度百科的第一句介绍是,"它是一个跨国传销组织,已陆续被各国政府打击。在2006年底至2007年初已被我国网络封锁"。[2]

实际上,就在十几年前,E-gold曾一度是个风光无限的数字金融创新产品。1996年,道格拉斯·杰克逊和巴里·道恩创立了E-gold,用户不需要信用卡、银行卡,不需要真实身份,就可以直接拥有E-gold账户,并可以进行转账、支付等操作。E-gold可以1∶1兑换实物黄金,并与法币进行兑换。由于在跨境交易方面有巨大优势,E-gold成立后迅速成长。2006年,E-gold处理了约20亿美元的交易;2009年,全球165个国家有500万个E-gold账户,雅虎、亚马逊等巨头公司也开通了E-gold支付方式。

但是好景不长,E-gold因为其匿名性,成为洗钱和非法资

---

1 张爱玲《爱》。
2 本书引用时将该词条中的一些语法问题加以修正。

金转移的温床,被各国政府严厉打压。我国政府将其定义为跨国传销组织,公安部对其进行了严厉打击。美国司法部对其提起了"无牌经营汇款业务""串谋洗钱"等多项诉讼,随后美国政府将其关闭。

2021年7月,美联储主席鲍威尔在与美国金融服务委员会讨论比特币和其他加密货币时,轻描淡写地说了一句话:"如果美国有自己的数字货币,比特币将毫无用处,最终会消失。"

比特币会不会消失,我们无法预测。但是鲍威尔的话绝非危言耸听,更不是空穴来风。当下,包括比特币在内,任何一种私人数字货币的繁荣,都是脆弱的繁荣。

一种货币有"仙子效应",一张张易碎的纸币被人们接受,归根结底是因为人们对货币背后的政府信用有着一致的共识:这种共识基于文化传统、暴力机器,也基于经济增长、社会治理等诸多国家能力。主权货币是这种共识的载体,也是维持这种共识最重要的工具乃至武器。现代国家的货币发行权,甚至是比军事更重要的国家权力。除了极少数战乱国或微型经济体,或者在严重经济危机的情况下,除非自身消失,否则国家几乎不可能放弃对货币的控制权,更不必说私人数字货币交易过程中隐匿的洗钱和灰色交易,本就是政府严厉打击的对象。此外,挖掘数字加密货币的过程能耗高得难以想象,对以碳中和(碳达峰)为目标的中国政府和关切气候环保问题的拜登政府来说,这可都不是什么令人愉快的特质。

所以，全球最大对冲基金桥水的创始人达里奥就毫不避讳地表示："如果某天（私人）数字货币真的成功了，那么监管会扼杀它。"

在私人数字货币过山车式的行情面前，诺贝尔经济学奖得主罗伯特·席勒都忍不住畏惧——"这是一个非常情绪化的市场，支撑比特币价值的来源是如此模糊，它受到太多人们叙事信念因素的影响，而非现实因素。"[1] 这句评价背后，是2019年软银孙正义巨亏的1.3亿美元，是2021年美图中报的比特币亏损，也是特斯拉2021年一季度盈利1亿美元、二季度亏损2300万美元的巨幅波动。

在数字货币的未来中，我们唯一确定的，是终局仍然遥遥无期，充满变数。

我听见后海大鲨鱼的歌声：

"浪潮，在人潮中翻涌，我听见那些呼喊，人们欢呼，穿过隧道。我要跳出这洪流，却见你的背影消失在河流，你可看见那源头。向着那未知的时代去远行，向着那未知的世界去远行。"[2]

---

[1] 2021年5月，罗伯特·席勒接受CNBC采访。
[2] 后海大鲨鱼《浪潮》。

第十一章

数字平台篇：你别无选择

> 我们无从选择命运的框架，但我们放进去的东西却是我们自己的。
>
> ——[瑞典]哈马舍尔德《记录》

看不见的手：平台即市场

市场经济是我们这代人的图腾。但市场到底是什么呢？

教科书告诉我们，市场是社会分工和商品交换的产物。亚当·斯密在《国富论》中就有论述："在分工明晰的社会中，每个人都因效率提高而生产了大量自己无法消耗的产品，这就形成可互相交换的市场。"[1]

简言之，市场就是一个支持交换的系统。交换是市场最重要的功能。

2021年夏季的某个周末，我们团队照例聚在工作室开组会，讨论新一年《香帅财富报告》的框架。说到数字平台的时候，

---

[1] [英]亚当·斯密：《国富论》，陈星译，北京联合出版公司2013年版。

忽然发现，作为2021年的社会动物，我们几乎是活在平台上：

工作室是在链家上租的，开会时间是在微信上沟通约定的，滴滴打车解决通勤问题，美团定的外卖，京东送矿泉水来，水管工从58同城上叫，课程在得到销售，纸版书在京东、当当销售，出差基本靠携程和飞猪，闲了逛淘宝、刷抖音、刷B站，跑个步用Keep……再仔细想想，稍微年轻点的世代，这些年的衣食住行，几乎都跟平台有千丝万缕的联系。

消费依赖平台，那收入呢？一个显著的趋势是，越来越多的劳动收入和平台息息相关：2020年3月至2021年3月，滴滴在中国有1300万名年活跃司机；2020年全年，在美团平台上获得收入的骑手超过470万人；2019年8月至2020年8月，在抖音平台上获得收入的创作者和主播达到2097万人[1]，网络零售平台店铺数量为1994.5万家[2]，而一个中小型网店大概需要3~8个人，包括店主、客服、运营、美工、打包发货等岗位——这些确定的"数字平台劳动者"数量已经达到上亿规模。另外，传统行业岗位也越来越与数字平台密切相关：餐厅在美团和饿了么接单，酒店服务人员、导游和租车公司都在携程、同程旅行上揽客；制造业的产品通过电商平台销售；货运司机通过货拉拉、运满满找货，运送网购包裹；医生在平安好医生、春雨医生上

---

[1] 据前述公司财报和中国人民大学国家发展与战略研究院报告《灵工时代：抖音平台促进就业研究报告》。
[2] 据商务部数据。

接受问诊；记者和编辑在新媒体平台上写稿；设计师们也在各类兼职平台上接单，提供设计Logo、广告、动画等服务……

没错，这个时代几乎所有的交换行为都跟数字平台有着或直接或间接的关系。离开数字平台，整个社会的交换将效率下降，规模萎缩，成本上升。换句话说，数字平台已经成为支持交换的最重要的基础设施。

等等，我们在这里停一下，这意味着什么？

对，平台即市场，数字平台就是数字时代的市场。

这不是杜撰，而是来自现实和理论的推演。有个很有趣的现象——谷歌占据了全球搜索引擎90%以上的市场份额，脸书占据了美国个人社交网络70%以上的市场份额，亚马逊占据了美国电子商务30%以上的市场份额——但是，截至2019年，美国很少对它们提起反垄断诉讼，而在20年前，微软、Visa和万事达卡的垄断案曾闹得沸沸扬扬、举世瞩目。这里面原因很多，但是谷歌、亚马逊等作为标准的"平台企业"，确实在法律层面给反垄断带来了难题。

诺贝尔经济学奖得主让·梯若尔2003年就曾在论文中将平台定义为双边市场。[1]达特茅斯学院教授杰奥夫雷G. 帕克等在畅销书《平台革命》中也提出，平台为外部生产者与消费者之间

---

[1] 见其2003年的论文《双边市场中的平台竞争》(*Platform Competition in Two-Sided Markets*)。

的交互提供开放的、参与性的基础设施，并为其设置治理规则。[1]而且，在法院判决书中，平台也被广泛定义为双边市场。

21世纪的前20年，平台经济全面崛起。截至2021年10月，全球市值前10大企业中，有6家是平台企业（苹果、微软、谷歌、亚马逊、脸书、腾讯），还有很多大大小小的平台企业，涉及数十亿人口的交通、学习、工作、社交、娱乐、消费支付等几乎所有活动。毫不夸张地说，平台一旦失灵，就像当年停电一样，可能引起严重的市场次生灾难。2021年10月，20多亿用户的脸书以及其旗下社交应用Instagram、WhatsApp和Messenger等因为技术故障全员"宕机"5个小时，无数网友突然跟亲朋好友"失联"，生活处于停摆的状态：哥伦比亚的家暴受害者救援组织联系不上受害者，土耳其用Instagram接单的果酱店收不到订单。同样，跨境电子商务与实体经济密切相连：2021年，亚马逊对刷单、虚假评论等行为加大监管力度，一口气封禁了5万多家中国厂商[2]，许多卖家被打得措手不及，很多工厂被迫停工停产，甚至走向破产边缘，行业损失金额初估在千亿元以上，还有大量失业人口出现。这正是"平台反垄断"很容易形成悖论的原因——本身就是"市场"，市场垄断怎么反呢？

数字平台不但是市场，而且是效率极高、规模巨大、拓展

---

1 Geoffrey G. Parker, Marshall W. Van Alstyne, Sangeet Paul Choudary, *Platform Revolution*, W. W. Norton & Company, 2017.
2 据深圳市跨境电子商务协会统计。

性极强的市场。20世纪90年代，一个湖南买家批发山东特产，要跨越千里往返数趟，与卖家反复商谈价格、支付方式、售后等事项。如今，在淘宝平台下单，交易双方可以瞬间对交易数量、价格、支付方式、退货政策等一系列事项达成一致，而这个一致实际上是基于双方对平台"下单—买家支付—卖家在承诺时间内发货—买家确认收货—卖家收到货款"以及"七天无理由退换"、争端解决机制等规则的默认。

换句话说，"下单"这个简单的动作背后，其实是一个标准化合约。而标准化合约可以减少交易的不确定性，降低交易费用。**数字平台就是一个将复杂交易合约标准化并进行批量处理的市场**。平台越大，每单交易的边际成本越低，甚至趋近于零，因此平台几乎可以无限地快速扩张规模。这个市场突破了地理和时间的限制，使得潜在的交易连接数量大为增加，也极大降低了搜寻和匹配成本，大幅提高了交易效率。这些特征不仅属于淘宝等电商平台，像美团等本地服务平台、滴滴等出行平台、抖音等直播平台，都类似于这种标准化市场，提供交易流程、支付方式、争端解决机制等一系列标准化合约模板，从而减低了成本，提高了效率，也将规模效应发挥到极致。

从亚当·斯密到新古典学派，经济学教科书里的"市场"是个去中心化的概念。各种力量通过价格信号进行博弈达到均衡——"看不见的手"是市场神奇魔力的根源，一旦看得见的手伸来过度搅局，就会打破均衡，直到市场崩溃，苏联的强计划经济就是例子。中国向市场经济的转型也是一个与"看得见的手"不断博弈的过程。

现在新问题出现了。我们面对着一种新的市场——数字平台。但这个市场不是原子型[1]的、抽象的，相反，它是强中心化的，数字平台企业是这个市场的中枢机构。有形的企业手中掌握了无形的市场之力——这是我们这个时代经济生活的最大特征之一。关于市场交易费用、交易合约设计、市场组织方式和市场监管机制的一切讨论，都需要基于这个特征。

奇怪的是，这个特征几乎从来不被国内主流经济学家们关注，似乎它从不存在。但它的的确确存在着，而且正在不可逆地成为这个时代社会生活的核心——组织形态、增长速度、分配方式、权力结构，都在不同程度地经历着演进和变化。2020—2021年全球平台监管的暴风骤雨，不过是这个变化过程的一个脚注罢了。

原力觉醒：数字资本是新生产要素

平台不是什么新鲜事物，从农贸集市到跳蚤市场都是平台。往前推进一步，华联超市、上海第一百货商店、沃尔玛、家乐福……这些都是"平台型企业"，即以企业模式来组织和管理

---

[1] 原子型市场较分散，集中度低。

某种"市场",将供给和需求对接到一起。家乐福、沃尔玛这种大型卖场,其实也经常遇到涉嫌垄断的诉讼调查,为什么它们没有引起广泛关注,而围绕着阿里、谷歌的一举一动却极为敏感呢?

换个角度来问这个问题,**数字平台企业和之前平台企业的差别究竟在什么地方?数字平台(企业)的巨大影响力究竟从何而来?**

目前大概没有完美的唯一答案,但"**数据**"无疑是其中最重要的环节。2019年,美国白宫发表《联邦数据战略与2020年行动计划》,提出"将数据作为战略资源开发"。2020年,欧盟发表《欧洲数据战略》,指出"数据是经济发展的命脉","是许多新产品和服务的基础"。2020年4月,中共中央和国务院印发《关于构建更加完善的要素市场化配置体制机制的意见》,将数据作为与土地、劳动力、资本和技术并列的生产要素,要求"加快培育数据要素市场"。

对,数字时代最重要的一个特征就是催生了"数据"这个新生产要素。但"数据"不是新鲜名词:从秦始皇统一度量衡到罗马帝国的人口普查,从文字到货币,从资产负债表到市场高频交易……从结绳记事开始,人类文明史就是一部不断数字化的历史,持续生产着大量数据。为什么在移动互联网时代,数据才成为生产要素呢?

这和移动互联网本身有着密切的关系。从互联网出现到移动互联网流行，是数字化中最具革命性的一步。从此之后，数据才开始具备两个特性。

第一是"大"。你可以从想到的几乎任何场景（社交、购物、娱乐、学习）中实时、动态、高频地搜集包括文本、音频、视频、图片在内的各种类型的数据。数量之巨大，速度之快，种类之多元，都是之前完全不能想象的。比如说个人数据——之前的"档案"和现在的"用户画像"，其颗粒度、动态和数量都完全不在一个级别。之前是数字，现在是"高清全息动态影像"。2017年有这样一项统计：全球90%的数据是在过去两年（2016—2017年）产生的。并且这个比例随着时间的推移越来越高。

第二是"活"。如果仅仅是海量数据的简单加和，那么我们仍很难称之为新的生产要素。平台利用算法等技术，在杂乱无章的数据中挖掘潜藏规律，将数据变成信息知识，然后通过行为决策，产生新的数据。比如Airbnb（爱彼迎）会根据后台的数据分析，将经验丰富、评价较高的房东的房源置于推荐列表前端，从而提高房源和房客之间匹配的成功率；新的客户行为又产生新的数据，进入算法——正是这个嵌套循环，让数据成了"活水"。

谷歌、微信、脸书……几乎所有大型数字平台的生长过程都是类似的正反馈闭环：数据作为要素参与平台的生产/服务过程，同时又作为平台生产/服务的产出继续进入平台下一阶段的生长——

1. 平台拥有更多的用户，意味着可以收集更多的数据；

2. 数据量越大，平台越容易借此实现供需匹配效率的提升；

3. 服务效率的提升吸引更多用户，形成网络效应，从而推动平台规模滚雪球式扩张。

布鲁塞尔自由大学的教授泽维尔·布廷和格奥尔格·克莱门斯对此做了一个形象的比喻："数据如同风一样是流动的且能够被获取，但它需要被收集并且转化为有价值的东西，而数据处理技术如同风车一般，是实现和提升数据价值的必要手段。"[1]

准确地说，和之前平台不同的是，数字平台拥有数字时代的新生产要素——数据和算法积累形成的数字资本。

正是这个新生产要素的非竞争性特征，让数字平台产生了超强的自然垄断性，改变了市场的范畴和形态。平台对新生产要素的专有，相当于一出生就占据了新世界最有潜力的矿山，从而改变了社会生产关系的力量对比，甚至社会结构。

所谓非竞争性，就是一个人对某个东西的使用、消费，不影响这个东西对其他人的供应，也就是你用了，不影响其他人使用。土地、石油、资金这些生产要素都是竞争性的：你在加油站加一升汽油，其他人就没法再消费这升汽油；你在这块地

---

[1] Xavier Boutin, Georg Clemens, Defining "Big Data" in Antitrust, *Comptition Policy International*: Antitrust Chronicle, (2017).

上种了稻子，别人不能同时种西瓜。而且使用过程会让这些生产资料持续耗损和折旧。但数据不是这样的，数据可以被同时使用，反复使用，使用过程不仅不耗损，还递增，就像童话中的"聚宝盆"，越用越多。

这种例子在平台上随处可见：亚马逊拥有庞大的用户和商户数据，通过挖掘用户自然属性、兴趣爱好、行为特征、消费习惯等标签，亚马逊可以预测消费需求，给用户推荐商品，帮助商家锁定目标用户群体，实现高效营销，还可以追踪消费者的反馈，进一步优化算法，从而获得更好的数据——这就是"越用越多，越算越准"的迭代。

对此，我们可以用经济学语言进行一般性表达：积累数字资本的边际收益是递增的，而边际成本是递减的。这种特性带来了互联网行业被大家奉为圭臬的"网络效应"，即一个新用户加入数字平台的边际成本几乎为零，而且会给平台带来潜在正收益。我们知道，一般资本都是边际收益递减而边际成本上升的，这使得"规模效应"会很快达到临界点。比如说沃尔玛扩张，要建实体店，每家实体店都要付出很高的固定成本；但亚马逊不一样，平台扩张的边际成本几乎为零，而每个新的用户和店家都会给亚马逊提供新的数字资源"矿产"——当用户总数突破临界点时，这种不断自我加强的网络效应会使得亚马逊的头部地位无限放大和巩固，形成强大的自然垄断。这正是为什么数字平台会滚雪球式扩张，而且越大越强。一旦突破临界点，数字平台的覆盖面和垄断力，都远非传统平台可比。

2014年，腾讯创始人之一曾李青在一次演讲中说："我当时听BAT其中的一家说要推出来往的时候，和当时网易要推出泡泡的时候，我们当时就笑了一下。因为它的网络价值、网络效应是不一样的。我有1000万用户和你有100万用户的差别不是10倍，是100倍。我有1亿用户，和你有1000万用户的时候，我的网络价值不是100倍，是相差10000倍。"——这段话听上去很扎心，但千真万确，这就是大型数字平台垄断力的真实写照。

数字资本的非竞争性带来的网络效应，让数字平台得以快速站到商业世界食物链的顶端。同时，由于平台参与到了数字资本的创造过程中，所以现实中，平台拥有大数据的唯一私有入口（平台公开数据仅是数字资本的九牛一毛）——这也是现在平台被人诟病之所在。

"平台专有数字资本"合理吗？合法吗？这确实是数字时代的全新命题。一个从来不曾存在的生产要素，应该如何决定其归属，这不仅仅是技术和商业问题，更是法律的、道德的、社会的问题。未来很长时间内，人类社会都可能会持续对此进行争论、博弈和演进。但无论如何，平台几乎拥有全部数字资本至今仍是事实，而这也加强了平台的自然垄断性。

如果说之前的平台企业（商场、超市等）还是"具有平台功能的企业"，那么现在的数字平台企业则市场属性更强，是一个中心化、强计划的巨大市场。

当然，我们需要注意，数字平台的垄断力虽然强大，但也脆弱。这和数字资产的另一个特性——"无形"，密切相关。**数字资产，是一种附着在技术/业态上的无形资产，其产出与技术/业态密切相关**。比如说谷歌和百度的数字资产质量，就与其市场形态，以及各自搜索引擎的底层技术紧密相连。在技术和业态快速迭代的今天，互联网行业的竞争不是简单的市场份额的争夺，而是一种新技术对旧技术的迭代、新业态对旧业态的取代。这意味着，任何平台拥有的数字无形资产都时刻面临着减值归零的危险：人人网曾经是社交内容平台霸主，巅峰时期注册用户高达1.37亿（当时网民才5亿），上市当天市值曾冲到94亿美元。然而到了移动互联网时代，人人网转身稍慢，便迅速衰落，在2018年以不足首日收盘市值1%的价格（6000万美元）被卖给了多牛传媒。阿里巴巴曾一度被认为是"电商的终结者"，结果之后跑出了京东，再后来又跑出了拼多多，现在还面临抖音、快手等各种平台的冲击。腾讯虽然目前看起来坚不可摧，实际上也时刻受到新游戏和新社交形态的威胁。此外，和石油、钢铁等有形资产不同，数字资产是无形的，其价值取决于对其他生产要素配置效率的提高。新能源出现了，石油多少仍能有一席之地；但新平台出现了，旧平台附着的数字资产的价值便会基本归零。

所以数字平台对数字资产的专有，看似强大，其实是雨后彩虹，美却脆弱。

权力的游戏之双剑[1]：平台与消费者、生产者

弄清楚了数字平台强大影响力的根源之后，我们再来看看为什么从2020年开始，全球平台监管忽然进入深水区。要知道，在此之前，美国政府以芝加哥学派思想为指导，认为反垄断的目标是市场效率最大化，始终对互联网平台保持宽松的监管态度。中国的平台经济则一直都是创新增长的代名词，政府的基本态度也是包容和鼓励。

但是，从2020年底开始，中国出台一系列法律法规和指导意见，提出"强化反垄断和防止资本无序扩张"[2]。美国两党罕见地在"针对数字平台巨头开启反垄断调查"这个问题上取得高度一致。[3]欧盟更是发布了《数字服务法》和《数字市场法》，对平台的数据开放共享、排他性行为及隐私保护等都提出了更高要求。

虽然监管思路略有差异，但逻辑是一致的：从20世纪90年代的互联网热潮，到2010年移动互联网时代来临，到2020年前后物联网兴起，为"线上社会"准备了土壤。经过谷歌、苹果、

---

[1] 《权力的游戏》，是美国HBO电视网制作、推出的一部热播电视剧，改编自美国作家乔治·马丁的系列奇幻小说《冰与火之歌》。"双剑（Two Swords）"是该剧第四季第一集标题。
[2] 详细内容参见本书第一章"风起青蘋之末"。
[3] 众议院司法委员会主席、众议员杰罗尔德·纳德勒说："开放的互联网给美国人带来了巨大的利益，包括经济机会激增、大规模投资以及在线教育的新途径。但越来越多的证据表明，少数'守门人'已经控制了在线商务、内容和通信的关键动脉。"腾讯科技：《美众议院拟对FB、谷歌等科技巨头展开反垄断调查》，https://tech.qq.com/a/20190604/002861.htm，2021年10月20日访问。

脸书、亚马逊、腾讯、阿里、字节跳动等大小数字平台多年的开疆拓土,一个拥有几十亿人口的"线上数字世界"已经渐成雏形。在这个世界里,平台企业是实际管理者。当线上世界对线下世界的渗透开始无处不在时,各国的监管态度便有了微妙的变化,而2020年的疫情在加速全球数字化进程的同时,也加快了监管态度的转向。

平台提供了"线上数字世界"的基础设施,化身为"市场"本身,掌握着核心生产要素(数据),主导着生产关系(通过算法和规则影响数以亿计的消费者和生产者的行为)。平台企业也因此变成了一个独特的存在:它既是企业,又是市场,还是社会组织,并扮演了政府的部分角色,对消费者、劳动者和传统厂商拥有相当的支配权,甚至触碰到了政府的传统权力领域。如何应对这些权力结构变化带来的商业、法律和社会问题,是所有政府都在探索的重点。

平台之于消费者和生产者,可以用茨威格的一句话概括:"她那时候还太年轻,不知道所有命运赠送的礼物,早已在暗中标好了价格。"

从我们接触互联网平台开始,"免费"和"便利"这两个词就如影随形:搜索、信息、社交工具都是免费的,很多内容也是免费的;便利更不用说,信息获取、沟通、交友、消费、购物、出行、旅游、生产、销售……几乎所有活动都能简化到指尖——人类肉身能辐射的空间和时间被互联网(平台)无限地拓展了。但是，在平台为我们提供低价甚至免费的优质产品和服务同时，**我们也免费让渡了自己的数据**。而平台通过收集、储存、实际控制等多种方式对数据实现再利用，构成了前面我们所说的"新生产要素"——数字资本。平台正是借此获得难以估值的巨大数据红利：更大的规模效应、更强的市场垄断力，以及相应的数字权力。除此之外，**消费者还会承担一些隐性成本**。平台是双边市场，所以商业模式经常是"羊毛出在猪身上"：一边提供免费/低价服务吸引消费者，一边抬高厂商的佣金、服务费、广告营销费来赚取利润。因为跟平台缺乏谈判权，工厂经营成本的提高，最终会转嫁到消费者头上。

这种消费端的"双刃剑效应"也适用于供给端。一方面，数字平台为生产者突破时间和空间的限制，帮助厂商触达更大范围的消费者，实现更高的营销效率。淘宝横空出世时的那句口号——"让天下没有难做的生意"并非虚言：很多偏远地区的小品类产品快速触达之前不敢想象的广大市场和人群；很多不知名的产品通过社交媒体快速完成品牌塑造——比如淘品牌，比如各种国产品牌；很多小村镇经济被拉动，2020年，全国淘宝村（镇）活跃网店296万个，交易额超过1万亿元[1]；各种内容生产者通过各种平台触达巨大的消费者群体，庞大的用户数量使生产的边际收益更高，得以支撑持续的高质量创作，同时，庞

---

[1] 据阿里研究院《2020中国淘宝村研究报告》。

大的用户数量也使获得优质产品的平均成本变得极低。

但是，另一方面，因为平台掌握着消费者流量和数据资源，在与厂商的博弈中拥有更强的定价权。随着平台的"养成"，越来越多的厂商面临着"要么上平台，要么被平台击垮"的选择。这几年商家普遍抱怨流量越来越贵，获客成本越来越高。峰瑞资本的丰叔[1]对此有个比喻，说平台留给一般商家的生存空间就是"卡脖子策略"，水位刚好到商家脖子的位置。如果水没过脖子，商家会死，平台就没了下蛋的鸡。但平台也不会再往下，会让商家过得舒坦点。2021年4月，广东餐饮业对美团发起了一场"起义"：外卖是餐饮业的大头，而美团在广东外卖市场的份额高达60%~90%，很少有餐馆能拒绝加入美团平台。但美团抽佣太重，最高达到26%，远超餐饮商家忍受的临界点——基本上是要么不活，要么活着难受的处境。这样会导致商家被迫在食材、人工上降成本，用户以同等甚至更高价格获得更低质量的产品，工作人员收入下降——陷入一个负向循环的怪圈。

所以整体上，平台和消费者/生产者之间并不是真正意义上的平等关系，后者在交易过程中对前者几乎没有什么约束力和谈判可能。在法律和社会环境尚不成熟的时候，平台要"don't be evil（不作恶）"，更多要靠道德力量而不是市场博弈的力量，这种力量显得单薄且不确定。

---

[1] 指峰瑞资本创始人李丰。

权力的游戏之破誓者[1]：平台与劳动者

在任何社会，劳资关系都是最敏感的话题。数字平台给劳动力市场带来了结构性的变化，但是现有政策和法律框架都远远落后于这种变化，所以这也是目前平台监管转向的重点领域之一。

外卖配送员、平台司机、网店员工、设计师、内容创作者、医生、教师、美容师、健身教练、销售人员、设计师、直播带货主播……过去10年，全球劳动力市场最大的变化莫过于数字平台劳动者越来越多。据前文数据估算，我国数字平台劳动者超过1亿人。如果算上参与平台劳动，但将其作为副业的劳动人口，这个数字高达2亿多，约占中国劳动人口的20%，而且还在持续高速增长中。

这个趋势和现在全球日渐流行的"零工经济"有着高度重合之处。所谓零工经济，是一种区别于传统工业社会"朝九晚五"的灵活用工方式。它的大面积兴起和数字平台密切相关：平台为劳动者提供了更灵活的供需双方匹配机制，实现人力资源的快速和有效配置。这种业态正在席卷全球。目前，美国和欧洲的零工经济劳动者数量达到了总劳动力的30%以上。从某种意义上说，零工经济从业者就是更广义的数字平台劳动者。

"零工经济"是英文gig economy的直译，但"零工"和

---

[1] "破誓者（Oathbreaker）"是《权力的游戏》第六季第三集的标题。

"经济"这两个词都很容易造成直观的误解。gig有"临时的、分叉的"这层意思。零工嘛，自然类似于临时工、短期工，或者是兼职工作，和雇主之间是松散的短期合约关系。用咱们中国的说法，就是"没有劳动人事关系"。

前平台时代，零工这个业态就存在。2000年左右我去加拿大留学，住在一个长辈家中。他家隔壁住着一对IT行业的华人夫妇。妻子在一家大公司，虽然薪水不拔尖，但员工保障极好，各种保险都可以以家庭为单位购买。所以丈夫就选择了"合同项目制"的零工方式，好处是收入超高，坏处是不够稳定，看天吃饭，并且没有任何劳动保障，比如失业保险、医疗保险、养老保险等，但因为妻子那边全覆盖，倒也没关系。他们这个组合算是珠联璧合，家庭收入又高又稳定，在当地华人圈里很是让人羡慕。当年低端就业市场上的零工有些确实是"临时工"，流动性很大，薪水日结；高端就业市场上的零工则大多是这种艺高人胆大的合同制就业——他们不和任何一个"单位（机构）"发生强人身依附关系，所以也不享受机构的劳动保障。劳动雇佣双方大体上都有这个共识。这种工作模式的比例很低，不算主流。零工是有的，但谈不上零工经济。

随着数字平台的渗透，传统业态被冲击得七零八落，大批劳动人口向平台迁徙。我有时候感觉，这个迁徙潮，很像城市化进程中农民进城的浪潮，我们不妨将这些劳动人口称为"线上世界的数字农民工"——和当年的农民工一样，数字农民工也处于劳动保障的真空地带。随着这一群体规模的日渐庞大，涉及的行业和工种日渐多元复杂，以及思想上更为偏左的新世代成为数字就业群体的主力，平台和劳动者之间的"劳资关系"逐渐成为劳动力市场的最大摩擦系数之一。

不管在中国还是在美国，这个问题都已经到了必须正视和着手解决的阶段。因为劳动力市场的平台化大体上是个不可抗的趋势，未来10~15年，平台起码能占据劳动力市场的半壁江山，而就业市场的劳资关系永远是社会矛盾的深层次根源。

分歧的焦点：平台和平台劳动者之间究竟是什么关系？

2020年12月底，43岁的外卖骑手韩某在北京大街上猝死，家属希望得到赔偿，却被告知韩某与平台并无任何劳动人事关系，平台出于人道主义提供2000元补助。2021年4月，北京市人社局劳动关系处副处长王林实地调研当外卖小哥，一天12个小时赚到41元后，发现要扣除3元保费的意外险，剩下38元是没有五险一金的"裸钱"。

现实中，平台一般将某项业务外包给多个合作商[1]，或者让劳动者注册为个体工商户[2]。这样，平台就不用承担"用人单位责任"，被认定为与劳动者存在劳动关系的概率也极低。这种情况

---

[1] 例如，外卖平台与劳务外包公司合作，由劳务外包公司招募骑手、签订协议、支付报酬，外卖平台与骑手不存在直接的劳动关系。劳务外包公司还会继续"甩锅"，将骑手的日常管理、发放薪酬、缴纳个税等事务转包给其他公司。最终，骑手分不清谁是用人单位，难以维护自身劳动权益。
[2] 例如，骑手注册为个体工商户，外卖平台与其签订合作协议，而非劳动合同。

在美国非常普遍，优步、来福车（Lyft）等打车应用公司都有类似举动。所以美国社会学者亚历山德拉·瑞夫贝尔愤怒地指责平台用"灵活、共享、共赢"等口号将企业风险转嫁给劳动者，这在劳动保障方面是"包装成进步的倒退"。

但是平台有自己的说法。比如说，外卖骑手没有固定的工作场所，平台不提供劳动工具，因此平台无法对骑手行为完全承担责任[1]；比如说，优步认为司机只是独立承包商，因为他们在工作中拥有一定的自由，例如可以自行决定劳动时间；再比如说，平台劳动者数量庞大，加强劳动保障会加大企业负担，甚至影响效率。

每一方都有自己的立场，很难绝对地用对错衡量。但是结合本章"原力觉醒：数字资本是新生产要素"一节的讨论，我们可以针对"数字劳动力市场"做些分析：

第一，在数字时代，最重要的生产资料之一是数据。平台掌握的大数据和算法设计、安排、控制着整个生产经营活动。不管平台是否提供了手机、电动车、汽车等有形生产资料（工具），它都提供了最重要的劳动工具——**承载着消费者流量、数据、算法的App**。这才是整个服务流程中占据主导地位的生产资料。

第二，平台劳动者的工作时间和地点看上去"自由"，实际上处于平台掌控之下。尤其很多派单制的服务行业，劳动者只

---

[1] 2021年5月10日，北京市人社局劳动关系处副处长王林及巡视组与美团、滴滴等召开座谈会，会上美团代表的说法。

要上线，就要接受平台的路线、时间安排和奖惩机制。所谓自由仅仅是"何时上线下线"的自由。平台的算法制造了一条庞大的"招之即来、挥之即去"的虚拟流水线，很多行业的数字劳动者本质上就是虚拟流水线上的螺丝钉。

所以，平台和平台劳动者之间，虽然不像传统工业社会那样存在"有形、清晰"的劳资关系，但很多情况下是实际存在人身依附关系的，平台在劳动保障上采取真空策略，确实有推卸责任的嫌疑。

那么，确立劳动关系是否会给平台造成负担，拖垮企业呢？

对这个问题，要分两步回答。关于是否会加重负担，答案是Yes。但是，抚养孩子、赡养老人都加重个人负担，那也得承担啊。所以核心问题应该是是否会拖垮企业。这个问题需要具体案例具体分析，我们不妨采用一家上市平台公司的数据。

这家公司是典型的巨型数字平台。2020年，它的活跃商家数量是690万家，有5.1亿用户在该平台交易，年交易101.5亿笔，营收662.65亿元，净利润28.3亿元。相关的平台劳动者470万名——但是，这470万名劳动者中，58.8%的人每天工作时间低于4小时，很多人是真"零"工，"零""碎"的"零"，只是赚点零花钱。他们和平台当然不是正常劳动关系。实际上，仅有7%~8%的劳动者日平均工作时间超过8小时——这部分常年、长时间、稳定工作的劳动者，是符合建立劳动关系的基本条件的。

建立劳动关系，平台最大的支出就是社保缴纳费用。假设按2020年二线城市长沙的社保缴费基数下限为劳动者缴纳社保，那么平台每年需要负担29.3亿元[1]。这个数字与该公司相关业务的净利润相当。考虑到很多劳动者是跨平台接单，或者至少将其作为"灵活就业"的一个驿站，并不愿与平台建立长期劳动关系，平台社保支出应该会更低。此外，平台也可以和政策部门继续沟通，同商业保险部门进行合作，在不同区域，根据不同工作年限实施弹性劳动保障合同，根据解决就业的力度在税收或者其他方面申请减免补助，等等。要相信，办法肯定比困难多。这是一个社会系统性工程，政府、平台、劳动者、保险机构、地方政府、行业主管部门……需要通力合作，轻易"甩锅"给任何一方，尤其是明显弱势的劳动者一方，恐怕会造成一个影响深远的囚徒困境。

其实数字平台的亏损很多时候都来自"开疆拓土"的烧钱。2020年10月到2021年6月，该平台9个月内在社区团购等"鹭鸶腿上劈精肉"的新业务上至少烧掉232亿元，这才是"碎钞机"。这时再回想起2020年12月11日《人民日报》的社论，我们就会更清晰地感受到，平台监管政策的大转向的的确确是一

---

[1] 2020年长沙社保缴费基数下限为2859元/月，如果平台按此标准缴纳养老、医疗、失业、工伤、生育保险，则每月需为每位劳动者缴纳742.2元，每年缴纳8906.4元。那么，如果平台为所有符合建立劳动关系条件的劳动者缴纳社保，则年度支出为8906.4×7%×470万=29.3亿元。

个划时代的系统工程，而非偶然的心血来潮；我们也会更清晰地意识到，平台不再是信马由缰的狩猎者，而要成为安土重迁、深耕细作的农场主。

接下来还有一个问题。平台那么多，除了引起社会广泛关注的外卖骑手、滴滴司机之外，网约厨师、网约保洁、网约美容师、网络主播、网上医生等依托网络平台提供各种服务的从业人员也数不胜数。他们一般被统称为"网约工"。但是实际上，平台与劳动者的关系与行业有强关联，有的类似于"企业—员工"的关系，有的类似于"市场中介—合伙人"的关系，如果对平台的劳动保障政策一刀切，那倒是真的可能伤害中国平台经济的竞争力。

英国经济学家罗纳德·科斯说，雇佣关系的核心特征在于雇主对于雇员的控制。在企业内部，由权威（雇主）通过科层制层层传达命令来配置资源。而市场则是供需双方自愿达成交易，由价格机制来配置资源。企业雇佣关系所暗含的雇主"看得见的手"，正是区别于市场中价格机制"看不见的手"的重要特征。[1]所以，当我们研究"数字平台—数字劳动者"关系的时候，真正要纳入考量的核心要素只有一个：平台对劳动者施加了何种控制？控制程度如何？

想回答这个问题，需要回到更加根本性的问题：平台对劳

1　R. H. Coase, The Nature of the Firm, *Economica*, 4(1937).

动者的控制力取决于什么？

答案是"工作内容的可标准化程度"。比如外卖、快递、网约车这些工作，服务流程容易标准化，劳动者被弱化为服务流水线上的一颗螺丝钉。举个例子，我们打车的时候，平台自动匹配司机，制定行车路线，监控行程。司机只有"上线"或"下线"的自由，定价规则、考核标准、交易对手、工作流程都要听命于平台。换句话说，对于这种劳动者A和劳动者B区别度很低的高度标准化的工作，平台完全可以在市场中介的名义下，利用算法对劳动者实现"企业科层制控制"的效果。

相反，像教育、医疗、文娱平台，服务质量高度依赖教师、医生、内容生产者的个人能力，平台将核心资产（教师、医生、内容生产者）标准化的难度更高。劳动者一方人力资本水平越高，对平台的经济依赖性越弱，工作选择空间越大，则在与平台的博弈中更占优势，更不容易受平台规则的控制。例如，抖音、快手不会控制主播的生产内容、劳动时间、工作流程，平台与劳动者更类似于"市场中介—合伙人"的关系。

从外卖、快递、出行，到家政，再到美容美妆，再到教育、医疗、文娱，工作内容可标准化的程度越来越低，平台对劳动者的控制程度也越来越低。可标准化程度高的行业平台，是新型劳资关系下劳动保障的重灾区，需要在新的法律框架下加以注意；而可标准化程度低的行业，平台和劳动者之间接近于合作关系，则可能更适合用民法来调节双方的矛盾和争议。

法律框架变动很慢，而平台本身在持续变化中，"平台—劳动者"关系也在不断演进中。这确实给劳动保障、人力资本投资等问题的解决带来了挑战。我记得当年读博士的时候，麦吉尔大学所在的加拿大蒙特利尔是法语区，受法国文化影响，结婚率奇低。年轻人普遍同居甚至生娃，但不领证。那如果两人分手了，财产、抚养等问题怎么解决呢？他们有一条法律叫Common-law（同居法），只要两个人在一起生活超过一年，二人关系就完全受加拿大联邦和各省婚姻法的保护，享受几乎和结婚配偶一样的权利和义务。

在"平台—劳动者"关系上，我们或许也可以采取类似的思路，以平台方对工作内容的控制程度为基准，如果平台对于劳动者存在长期、稳定、高强度的控制关系，那么即使二者没有以劳动关系签约，也应当给予劳动者相应的保障。

权力的游戏之新旧诸神[1]：平台与政府

"愿诸神指引你，席恩·葛雷乔伊，现在你已经彻底迷失了。"《权力的游戏》第二季中，席恩攻破临冬城，被俘虏的罗德利骑士斥责他背叛了临冬城。赴死前的一刻，罗德利毫无惧色，甚至怜悯地看着席恩，缓缓吐出了上面那句话。席恩如遭重击，

---

[1] "新旧诸神（The Old Gods and the New）"是《权力的游戏》第二季第六集的标题。

脸色突变，似乎记起来了什么……

从2020年到2021年，人类社会踏上数字化的快车道，从移动互联网、工业互联网到元宇宙，我们越来越分不清楚自己究竟生活在"线上数字世界"还是"线下物理世界"，从文本，到图片，到视频，到触觉、感觉，从单维的信息交流到越来越可"感知"的行为交互——技术和平台让这两个世界之间的界限变得模糊。现代主权国家的政府，毫无疑问，是真实世界的中枢机构，掌握着国防、税收、货币发行、社会治理、基础设施建设等核心权力。线上数字世界对线下物理世界的"入侵"不但改变了商业、社交和娱乐的模式，改变了生产资料的形态，改变了劳动者与雇主的关系，也让传统语境下的权力结构变得有些模糊。

比如说，因为平台即"市场"，平台企业自然是市场中枢管理机构。凭借其强大的技术、数据、资金、管理、公关等优势，平台承担了提供基础设施、"收税"（管理费）、制定"法律"（平台规则）、"治安管理"（处罚违规用户）、信用评价等功能——这些传统上都属于"公共权力"的范畴。例如，在亚马逊平台上，商家必须通过平台审核、遵守《卖家行为准则》，平台可以判定商家是否违规，从而对其处以下架商品、暂停销售，乃至查封账号的处罚。

这意味着，作为一种社会组织，平台管理实际上涉及了传统意义上的政府职能。比如说电商税收，这是近年来的一个焦点问题。电商平台可以看到商家的交易流水，对商家收取管费。但是大多数网上消费都不开具发票，政府税务部门难以核查网上交易，难以对网店征税。电商规模小的时候，政府抱着放水养鱼的心态，容忍灰色地带存在；但是电商规模足够大之后，一方面影响税收收入，另一方面也引起线下商业反弹，认为这种税收特权造成了不公平竞争。所以，2018年《中华人民共和国电子商务法》出台，开始了监管上的转变。

社交媒体平台，则在舆论环境和信念塑造中扮演着更重要的角色。2021年初，时任美国总统特朗普被推特和脸书封号禁声，一种权力和另一种权力之间发生摩擦。2020年4月，淘宝总裁蒋凡的绯闻占据微博热搜，但微博迅速删除所有帖子，所有信息消失无踪——阿里巴巴是新浪微博第二大股东。舆论场从来都是政府的阵地，资本控制舆情，在某种意义上，也是对传统权力的侵入。6月，北京网信办就此事约谈新浪微博负责人，责令其立即整改。社交媒体是新一代数字资产们的战场，也是年轻人思潮的阵地，马斯克一句话能让千百亿数字财富灰飞烟灭，年轻人也在Meme、YOLO中完成自我的塑造。

前数字化时代中，传统媒体是主流精英话语体系的重要组成部分，它们扮演着"看门人"角色，监督权力机构，传导和塑造社会的价值观——而这是社会权力建构中的核心部分。但是社交媒体出现了，这是一次技术、人口结构和话语权力上的彻底解构——所以中央网信办要开展"清朗行动"，整顿"饭圈"乱象；所以著名政治学家福山要求"从大型科技公司手中挽救民主"；所以"局外人"特朗普利用社交媒体完成了权力逆袭，但作为权力本身又被其反制。

这是一个正在面临巨大变化的时代，技术变迁，世代交替，所有国家都面临着复杂的治理问题。比如欧洲的长期停滞和穆斯林移民问题、美国的贫富差距以及随之而来的种族摩擦。中国也有自己的苦恼：快速大规模城市化的背景下，传统乡土社会瓦解，基层农村治理结构失效；转轨市场经济后，国营大工厂（农场）改制，"单位"逐渐失去治理功能。

当新世代登上历史舞台的时候，社交媒体无形中成了他们的"社会治理"机构和节点，以及他们的社会建构基础。这对所有主权国家的政府来说，都是新的命题和考验。

古希腊思想家菲洛劳斯说，"完美无缺是数字的力量所在，它是人类生活的开始和主宰者，是一切事物的参与者。没有数字，一切都是混乱和黑暗的"。法国思想家孟德斯鸠则断言，"一切有权力的人都容易滥用权力，这是万古不易的一条经验。有权力的人使用权力一直到遇有界限的地方方才休止"。

把孟德斯鸠的话反过来理解，再结合菲洛劳斯的话，我们可以推演出的意思是，有"界限"的数字权力是更高效、更强大、更令人畏惧的存在。

2016年5月，河南省新乡市3岁儿童辉辉被拐走。民警在立案后的1小时内向方圆100公里内的民众推送了消息，一位出租车司机认出并拍下了儿童和人贩子。14个小时后，这名儿童被解救，当时他已经被换上了粉色裙子，即将被转卖。这背后是阿里巴巴和公安部共同研发的"团圆"系统，利用地图定位功能，以案件发生地点为中心，按照案发到报案的时间，依次快速向特定半径内的用户发布孩子遗失的消息。这个系统接入了支付宝、高德地图、新浪微博、微信、QQ等几十个主流App，覆盖9亿人。截至2021年5月，该系统上线5周年，找回了4707名失踪儿童，找回率高达98%。[1]作为一个母亲，我对这样的数字治理充满感激乃至敬畏——4707，这不是数字，这是几千个普通家庭的一生。再往大里说，是支撑社会基层信任的基石。类似地，通过与互联网平台多方合作，国家反诈中心对电信诈骗的劝阻成功率达98.9%[2]，恶性杀人案件的破案率几乎达到100%。

如今，微信、支付宝、百度等平台都接入了政府的网上办事大厅、政务通，像办理居住证、无犯罪记录证明，注册个人独资企业等业务，基本都是指尖上的功夫。除此之外，我们更熟悉的2020年疫情中平台帮助实现的"微粒化社区管理"，2021年河南暴雨救援过程中，平台在信息、物流、社区服务、慈善捐赠等方面展现的效率和强大的组织动员能力，都是"数字权力"向阳而生的那个部分。

20世纪50—60年代，正是全球各地民族国家此起彼伏争取

---

[1] "团圆"系统即公安部儿童失踪信息紧急发布平台，由阿里巴巴集团和公安部刑事侦查局打拐办共同发起创立，阿里巴巴无偿提供技术支持。

[2] 国家反诈中心与工信部合作建成诈骗电话拦截系统，与互联网企业合作推送封堵涉诈App和网址域名，阻止群众登录。

独立的时期,那是人类社会一次重大的"破坏与建构",各种传统和新兴势力交错博弈。1961年,第二任联合国秘书长、瑞典政治家哈马舍尔德因此遭遇离奇空难死亡。他生前曾意味深长地说过一句话:"我们无从选择命运的框架,但我们放进去的东西却是我们自己的。"

站在2021年底放眼望去,微信、微博之于社会舆论,淘宝、京东、拼多多之于商品贸易,抖音、快手、爱奇艺之于娱乐文化,以及其他那些割据一方的平台之于各细分领域——各个行业的生产关系都面临着重构。以前分散在五湖四海的交易都聚集于平台这个中心化组织,供给、需求、定价等资源配置决策,从亿万人手中转移到平台数据和算法手中,平台也借此掌握了市场"原力"。

一面是不可或缺的数字基础设施,是数字社会治理的完美工具;另一面是"企业"和"公共市场"双重属性的冲突矛盾,是对传统生产关系、权力结构的改变和挑战——对于现有的社会权力架构来说,平台必然是"红"与"黑"的双面体。未来已来,但是关于未来的社会制度、监管体制、法律建设,却还在路上。

1997年,愤怒的摇滚青年郑钧披着长发声嘶力竭:"因为路漫漫其修远,我们要上下而战斗……我战斗我战斗我为了什么战斗,我难受我难受我哎哟哎哟哎哟……"13年后,发福的郑钧剪去了长发,轻轻唱道:"我们是最相爱的天敌没有之一,想要做对方的主人却成了她的奴隶……在她面前我会突然把自己打碎，在她面前我会莫名其妙有罪，哎哎。"[1]

你别无选择：从"狩猎"时代到"农耕"时代

对于一种新生的社会经济生产组织方式，该怎么处理？是抗拒还是接纳？是放任自流还是约法三章？

17—18世纪，欧洲大陆的法、德等国继承了罗马法系，演化出大陆法系。传统上，大陆法系有公法和私法的划分，公法处理个人与政府之间（以及政府内部）的关系，私法处理私人之间的关系。但是在工业革命后，这种划分被一个新物种——企业——突破了：因为机器大批量生产成为主要生产方式，资本雇佣劳动成为主流的生产组织方式。逐渐地，围绕着新的生产关系开始出现单独的劳动法、社会保险法。这些部门法被认为混合了公法与私法的特点，具有某种意义上的第三法域[2]的特点。而出现这些新法律框架的根本原因，是在"企业"这种新的社会生产生活组织方式中，工厂主与劳动者之间存在管理与被管理、监督与被监督、指挥与被指挥的隶属雇佣关系。如果限制

---

[1] 两首歌分别是《路漫漫》和《天敌》。
[2] 《大辞海》对"第三法域"的释义：亦称"社会法领域"。一般认为社会领域是在公共领域和私人领域的基础上形成的，是介于私人领域与公共领域之间的一个弹性空间。随着市场经济的发展，个人并不是只在私人领域内活动，国家也并不是只在公共领域内活动。国家的"有形之手"有时会越过公共领域的界限，个人利益有时被提升出私人领域之外，这样就形成了一种体现社会利益的特殊领域，即社会领域。在社会领域之上，为规范这种社会利益，也就形成了一系列的社会立法，形成了社会法领域。由于社会法是相对于公法和私法而言，并且是在公法和私法之后产生的，故其法域被称为第三法域。

工厂主对劳动者的控制力，会造成劳动者权益的损害，进而损害生产力。所以，界定彼此关系，划定各自权力边界的劳动法、公司法、社会保险法逐渐演化成一套完整的法律框架，在社会治理中扮演了重要角色。

历史不尽相同，但却有着相似的韵脚。

如果我们相信历史是"螺旋式上升"的，那么在生产力上更具优势的平台，毋庸置疑将是未来最主要的社会生产生活组织形式。

人不能脱离地球引力而存在，作为社会组织形态的数字平台企业，其内部和外部治理也应建立在动态的法律框架之上。2021年6月，美国众议院司法委员会表决通过《终止平台垄断法案》等6项法案，对数字平台的并购行为、业务线管理、数据可迁移性等都提出了更高的要求。从2016年到2021年，中国连续出台《互联网广告管理暂行办法》《中华人民共和国电子商务法》《中华人民共和国数据安全法》和《中华人民共和国个人信息保护法》，国家税务总局已基本完成国家电子商务税收数据分析系统的开发和部署工作，互联网广告、电子商务都不是法外之地，平台收集、使用、交易数据的红线逐渐清晰。2021年10月，市场监管总局发布了《互联网平台分类分级指南（征求意见稿）》《互联网平台落实主体责任指南（征求意见稿）》，将互联网平台分为超大型平台、大型平台和中小平台，而且，能力越大、责任越大，超大型平台将在公平竞争示范、平等治理、开放生态、数据管理等9方面承担更高的责任。

数字世界不再是当年的蛮荒地带，不能拿着社会财富（比如投资人的钱），一次又一次"做一场灰飞烟灭的游戏，信马由缰飘零半生"[1]。但是，这不意味着推倒重来。中国的舆论和监管环境经常有种自我加强的倾向，动辄就会非左即右。之前对平台稍加约束，曾被诟病成"破坏自由市场"，但一旦定下平台监管方向，马上又有人急切地表示，平台作为基础设施应当收归国有，例如把支付宝国有化，或者将数据的管辖权、交易权交给国家，等等。

真的可以吗？

2021年8月18日，"杭州市二手房交易监管服务平台"上线新功能，房主个人可以绕开中介平台，自行挂牌卖房。不少自媒体打出耸人听闻的标题：《房产中介要凉了？》《杭州放大招中介行业将死》，等等。第二天，贝壳找房的股价暴跌14.86%。当天晚上，我们团队在群里聊天，几个刚毕业的博士正在买房，都有切身体会——虽然政府提供了一个买卖双方直接交易的渠道，但谁带你去看房？谁帮你办贷款？价值上百万的交易，信任成本是很高的。如果遇到产权纠纷、长期租约占用房子、卖房家庭意见不一致的风险，谁来协助排雷，解决纠纷？

说到底，最后的均衡只可能是"上帝的归上帝，恺撒的归

---

[1] 马頔《皆非》。

恺撒"。给定演化方向，不同国家也许会有演化速度、演化变异上的差别。中国政府的态度其实底线很清晰，"坚持监管规范和促进发展两手并重、两手都要硬"[1]。

其实顺着时间轴来看监管的用词，线索非常清晰：就像前面说过的，2020年12月，中央经济工作会议提出"强化反垄断和防止资本无序扩张"，风已起青蘋之末，之后监管态度日趋严厉。2021年6月，市场监管总局批评，"近些年来一些平台企业利用资本、数据和技术的优势进行无序扩张，严重损害了中小微企业和个体工商户合法权益"，表示"严禁具有优势地位的企业为抢占市场份额挤压各类市场主体生存空间的不正当竞争行为"。[2] 但是到2021年8月，中央财办副主任韩文秀公开表示，除了"对过去发展当中的一些盲目倾向、有害因素加以严格整治"外，"也认识到平台经济是先进生产力的重要组成部分，要发挥好它在优化资源配置、促进科技进步、便利人民的生活、参与国际合作与竞争中的积极作用"。[3] 到了10月，习近平总书记发表讲话，指出要"不断做强做优做大我国数字经济"，"支持基于互联网的各类创新"。[4]

---

1 《坚持监管规范和促进发展两手并重、两手都要硬》，《人民日报》2021年9月7日。
2 2021年6月1日，国新办举行国务院政策例行吹风会。国家市场监督管理总局价格监督检查和反不正当竞争局负责人陈志江在回答记者提问时的发言。
3 2021年8月26日，中共中央宣传部发布文献《中国共产党的历史使命与行动价值》，并举行新闻发布会，中央财办分管日常工作的副主任韩文秀在发布会上的发言。
4 2021年10月18日，习近平在中共中央政治局第三十四次集体学习时的讲话。

再想想支付宝在一带一路上的9个本地数字钱包[1]；TikTok火遍全球，吸引了10亿全球用户，为跨境电商提供了新的展示平台；京东与央行进行战略合作，试点数字人民币……我们可能会对未来演化的路径看得更清楚。

雨过总会天晴。我们也总会再次出发。只不过不见得是在从前的跑道上出发。

数字时代：达依尔棋局

经济增长理论的集大成者，诺贝尔奖得主罗伯特·索洛提出过一个"索洛悖论"。原话是，"我们到处都看得见计算机，就是在生产率的数据上看不见计算机"，意思是这些年全社会虽然在IT方面投入了大量的资源，但从生产率上看却收效甚微。此言不虚，1970—2014年，美国劳动生产率[2]年均增长1.62%，而此前半个世纪的年均增长率为2.82%。

这其实也是近几十年增长理论中最大的悖论。很多学者认为现有的GDP计算方法有问题，IT技术带来的交易效率提高、质量优化、消费品类增加无法计入GDP，消费者享受的"免费搜索、沟通便利"这些无形服务也无法计算到产出中。但也有很

---

[1] 蚂蚁金服通过在全球国家和地区寻找本地合作伙伴，在印度、泰国、韩国等9个国家和地区打造的本地版"支付宝"数字钱包。
[2] 每个劳动者单位时间的平均产出水平。

多经济学家认为，这些年科技创新的实质性进展并不如表面上那样让人振奋，更不足以抵消人口结构变化、不平等现象及主权债务危机所带来的负面影响。戈登就认为，作为第三次数字革命的核心，信息通信技术的变革性意义实则低于第二次工业革命中的电气化、汽车和无线通信技术，因为它没有带来有形的、实质性的生产和生活改善。他在《美国增长的起落》一书中写道："我们不吃计算机也不穿它们，也不开着去上班或者用来剪头发。我们仍然生活在像20世纪50年代那样摆着家电的住宅里，仍然驾驶着与20世纪50年代具有相同功能的汽车，尽管更便利，更安全。"

2021年，对生活质量与40年前已经截然不同的中国人来说，"没变化"似乎是个陌生的词，但是仔细想想，我们也处在割裂的状态中：一方面，消费已经发生了翻天覆地的变化，智能手机已经成为生活必需品，订票、打车、点餐、办理银行业务……都已经线上化，大城市里现金几乎消失；但另一方面，绝大部分工业生产还是传统工业时代的景象：工厂收到经销商的需求订单后，采买原材料，流水线批量化生产，再通过经销商卖给消费者。

没错。21世纪最初的10年是"消费互联网"的天下，曾经极度分散的需求端被数字平台整合。截止到2020年底，中国有9.89亿网民，与15~64岁人口的规模持平。在网上支付、网络视频、网络购物、网络新闻等领域，用户规模均超过了网民整体的75%。[1]尽管新旧平台仍然此消彼长、互相竞争，但是从全社会的角度来看，平台的增速已经明显放缓。美国的情况也与此类似。换句话说，对于中美两大数字经济体来说，需求端的整合已经接近尾声。

接下来呢？

对，生产端。数字技术必然会渗透到工业生产领域，引发社会生产力的提高。2021年，百度、阿里、小米、华为等中国数字科技巨头纷纷下场造车——这是巨头们偶然的惺惺相惜，还是技术历史演进的必然？

现代经济体中，房地产和汽车是最重要的两大支柱行业，产业链极长，对经济的拉动效果最为显著。如果说消费互联网的下一站是工业互联网，那为什么美国的传奇钢铁侠、中国的数字科技巨头都盯上了"造车"，而不是造房子呢？

因为房地产是高度"本地化"和"非标化"的行业。你琢磨一下就明白了，房子的消费相对本地化，各个地方千差万别，标准化程度较低。这种特征注定了房地产无法在消费和生产端形成全球产业链，是个集中度较低的行业。科技巨头如果想把全球房产建筑数字化，要克服的产业、地域和文化障碍，可不是一星半点。而汽车不一样，它本来就是工业时代流水线的先驱，是工业技术的集大成者。作为"工业时代的皇冠"，经过一百年

---

[1] 据中国互联网络信息中心发布的第47次《中国互联网络发展状况统计报告》。

的技术迭代，汽车产品高度标准化，消费和生产全球化程度极高，数字化改造顺理成章。

除此之外，汽车还是离用户端最近的高价值工业品，也是离消费互联网最近，但供给端（主机厂）比渠道更强势的复杂工业品。消费互联网的技术积累已经渗透到了汽车产业，例如特斯拉已经实现了数字营销，能够根据消费者偏好来设计改造车型，并基本实现了全部业务环节的数据打通。

产品标准化、消费生产全球化——这些特征意味着，数字技术若想在生产力上取得实质性进展，从消费互联网的上半场进入工业互联网的下半场，汽车行业可能会是个突破口。2021年全球富豪榜上，造车的马斯克取代消费互联网的贝佐斯成为世界首富，隐隐透露出时代变化的轨迹。更何况，在燃油车主导的机械工业时代，中国没有取得先机，但在电动车强势登场的智能工业时代，中国看到了弯道超车的希望。中国互联网巨头齐聚"车道"，是全球，也是本土技术变迁的历史镜像。

传说中，印度国王要重赏国际象棋的发明人达依尔，让他自己提要求。达依尔让国王在棋盘的第一格放一粒麦子，第二格放两粒，第三格放四粒……以此类推，一直放到第六十四格。国王爽快地答应下来。但很快，国王发现不对劲：越往后，棋盘格要放的麦粒越多，最终会是一个天文数字，全印度所有的粮食都给达依尔还不够。

这就是裂变增长的达依尔棋局。

一百年后,如果能回顾历史长河,或许我们会发现,数字时代的达依尔棋局,才刚刚开始。

在往未来跌跌撞撞低头而去的路上,或许,我们仍应怀抱着星辰大海的希望。

毕竟,明天又是新的一天了。

扫码观看香帅演讲：
中国熟经济期
个人财富如何抉择？

图书在版编目（CIP）数据

熟经济：香帅财富报告.3 / 香帅著. -- 北京：新星出版社，2022.1
ISBN 978-7-5133-4712-9
Ⅰ. ①熟… Ⅱ. ①香… Ⅲ. ①投资 Ⅳ. ① F830.59

中国版本图书馆 CIP 数据核字（2021）第 246884 号

熟经济：香帅财富报告 3

香帅　著

责任编辑：白华昭
策划编辑：吴　婕　张慧哲
营销编辑：吴雨靖　wuyujing@luojilab.com
封面设计：别境 Lab
责任印制：李珊珊

出版发行：新星出版社
出 版 人：马汝军
社　　址：北京市西城区车公庄大街丙 3 号楼　100044
网　　址：www.newstarpress.com
电　　话：010-88310888
传　　真：010-65270449
法律顾问：北京市岳成律师事务所

读者服务：400-0526000　service@luojilab.com
邮购地址：北京市朝阳区华贸商务楼 20 号楼　100025

印　　刷：北京盛通印刷股份有限公司
开　　本：880mm×1230mm　1/32
印　　张：9.625
字　　数：183 千字
版　　次：2022 年 1 月第一版　2022 年 1 月第一次印刷
书　　号：ISBN 978-7-5133-4712-9
定　　价：69.00 元

版权专有，侵权必究；如有质量问题，请与印刷厂联系更换。